HRD 노하우

HRD 20년 실무베테랑, 장경택 박사의

HRD 노하우

초판 1쇄 발행일 _ 2012년 5월 10일
초판 3쇄 발행일 _ 2015년 5월 15일

지은이 _ 장경택
펴낸이 _ 최길주

펴낸곳 _ 도서출판 BG북갤러리
등록일자 _ 2003년 11월 5일(제318-2003-00130호)
주소 _ 서울시 영등포구 여의도동 14-5 아크로폴리스 406호
전화 _ 02)761-7005(代) | 팩스 _ 02)761-7995
홈페이지 _ http://www.bookgallery.co.kr
E-mail _ cgjpower@yahoo.co.kr

값 13,000원

ISBN 978-89-6495-032-6 03320

이 도서의 국립중앙도서관 출판시도서목록(CIP)은 e-CIP홈페이지(http://www.nl.go.kr/ecip)
와 국가자료공동목록시스템(http://www.nl.go.kr/kolisnet)에서 이용하실 수 있습니다.(CIP제
어번호 : CIP2012002012)

HRD 20년 실무베테랑, **장경택 박사의**

HRD
Human Resources Development
know-how

노하우

장경택 지음

B°G **북갤러리**

HRD 시야, 10년은 앞당길 수 있는 비밀을 제시한다

필자가 20년 넘게 HRD 업무를 수행하면서 가장 아쉬웠던 점은 HRD 담당자들이 현업에 바로 적용할 수 있는 실무서적 부족과 HRD를 어떻게 하면 제대로 할 수 있는지에 대한 명확한 이정표 제시가 없었다는 것이다. 기존 이론서적으로는 HRD 담당자들이 조직 내에서 경영활동을 뒷받침할 수 있는 전략적 파트너가 되기에는 역부족이었다. 그렇다면 어떻게 이 문제를 해결할 것인가? 필자는 20년 동안 끊임없이 질문을 던지고 그 해답을 찾기 위해 노력하였다.

필자가 HRD 업무를 수행하면서 HRD를 한마디로 표현할 수 있는 메타포(metaphor)를 찾는 데는 20년이 걸렸다. 'HRD는 결혼생활과 같다.' 결혼생활이 원만하려면 남편은 아내에 대한 기대사항, 아내는 남편에 대한 기대사항을 충족시켜 주어야 한다. 아울러 기대사항 못지않게 남편의 역할, 아내의 역할을 잘 감당해야 결혼생활은 문제가 없다. 서로의 기대사항과 역할이 무너지면 법정으로 가서 이혼수속을 밟게 된다. 인적자원개발도 결혼생활과 똑 같은 이치라고 말할 수 있다. 인적자원개발에 관련된 이해관계자의 기대사항을 충족시켜 주지 못하고, 각자의 역할을 제대로 수행하지 않는다면 인적자원개발은 늘 변방에 머무를 수밖에 없다.

이 책의 근간은 필자가 인력개발학 박사논문에서 연구한 HRD 내부이해관계자들의 기대사항과 역할, 20년 동안 HRD 업무를 담당하면서 현업에서 고민하고 해결한 실제 사례중심으로 구성하였다. 기존에 여러 서적을 통해 제시된 HRD 기본사항에 대하여는 중복성을 피하기 위해 생략하였다. HRD 업무를 시작한 담당자뿐만 아니라 오랫동안 HRD 업무를 수행하고 있는 전문가들에게도 많은 시사점과 이정표를 제시해 주리라 생각한다.

무엇보다도 이 책을 완성하기까지 필자와 더불어 현업에서 끊임없이 HRD에 대하여 고민하고 문제를 해결한 한국수자원공사 동료들, 인터뷰에 응해주신 많은 분들께 진심으로 감사의 마음을 전한다. 그분들이 아니었다면 본 HRD 실무서는 세상에 나오지 못했을 것이다.

그리고 HRD에 대한 학문적 토대를 마련해 주신 한국기술교육대학교 테크노인력개발전문대학원 교수님, 가족 같은 최철환 박사님 부부, 2년간 HRD에 대하여 함께 고민한 서울메트로 동료들, 권기수 박사님, 윤현진 박사님, 이동선 본부장님, 최길주 대표님과 북갤러리 가족분들께 진심으로 감사드린다.

늘 격려해주시고 도와주신 사랑하는 어머님, 형제들, 친척분들, 20년동안 우직하게 한 길을 걸어갈 수 있도록 믿어주고 격려해준 사랑하는 아내와 두 딸 유진, 수진이에게 고마운 마음을 전한다.

마지막으로 인생에서 가장 소중한 분 하나님께 이 책을 바칩니다.

2012년 4월
장경택

Contents

제9장_ e-HRD시스템

제10장_ 교육제도

Human Resources Development
know-how

HRD
담당자의 고민

국내 HRD의 현주소 / 국내 HRD 현장 스케치

어느덧 기업교육에 몸을 담은지가 20년이 넘었다.

신입사원 때 연수원에 입사, 외부 세미나를 다녀온 후 괜찮다고 생각되는 프로그램, 제도들을 아무 생각 없이 도입하던 철없던 시절.

어느 날 갑자기 외부프로그램만 도입하지 말고 자사형 프로그램을 개발하여 교육을 하라는 날벼락 같은 부장님 말씀에 당일 저녁에 출장처리만 부탁하고 지인들을 찾아 협조를 구하면서 얻은 귀한 자료와 조언을 주신 고마운 분들. 밤새워 동료와 교육프로그램을 개발하면서 24시 편의점에서 라면을 먹으면서 서로를 격려하던 시절.

현업에서 나름대로 성과를 도출하면서도, 보일 듯하면서도 보이지 않는 그 무엇 때문에 고민을 하고 있을 때 필자의 은사이신 한국기술교육대학교 모 교수님은 이렇게 위로해 주셨다. "장 대감, 무얼 그리 고민 하냐? 이미 당신은 그 해답을 알고 있는 듯한데, 그리고 그렇게 고민하는 자체만으로도 대단한 것 아니야?" 그러나 교수님의 위로는 단지 위로일 뿐, 여전히 나를 짓누르는 철판을 뚫기에는 역부족이었다. 이러한 고민의 시간들은 현업에서 인적자원개발업무를 담당하는 동안 지속되었다.

해마다 지속되는 경영층으로부터의 교육투자 대비 성과에 대한 압박, 금년에 과정 수는 몇 개?, 교육인원은 몇 명? 교육방법은 어떻게? 교육 포커스는 어디에? 어떻게 직원들을 교육에 몰입시킬 수 있을까? 등. 수십 년 동안 고민해오던 내용들이다.

해만 바뀌었지 고민하는 내용은 전과 동일했다.

인적자원개발 관련 세미나에도 참석해보고, 벤치마킹, 전문서적을 탐독해도 고민하는 내용들이 속 시원히 해결되지는 않았다.

인적자원개발을 담당하시는 여러분의 고민은 무엇입니까?

국내 HRD의 현주소

국내 인적자원개발은 전반적으로 외국의 트렌드에 많은 영향을 받고 있으며, 교육훈련 평가 및 성과측정, 역량모델링을 기반으로 하는 전략적 인적자원개발에 많은 관심을 보이고 있다. 아울러 인적자원개발 담당자의 전문성 강화와 이러닝, 액션러닝에 대한 효율적이고 효과적인 다양한 교육방법에 지속적인 관심을 보이고 있다.

또한 기존의 형식학습에서 벗어나 Social Network를 기반으로 하는 Social Learning의 열풍이 강타하고 있다. 그러나 최근 'HRD의 본질과 한국 HRD의 나아갈 방향'을 주제로 월간 〈HRD〉 창간 19주년 기념 대토론회의 내용을 보면 현재 국내의 인적자원개발 현황을 한눈에 파악할 수 있다.

다음은 HRD 전문가로 활발한 활동을 하고 있는 (주)IPSO의 신범석 대표의 말이다.

"한국의 HRD는 올해 50년이 되었다고 합니다. 하지만 90년대 이후 비약적인 발전을 이루었고 현재 전국적으로 1년의 구성원 교육시간이 80시간 이상이 되는 수준으로 발전했습니다. 또한 한국 HRD는 이론보다 실무가 더 발전했다는 특징도 갖고 있습니다. 50년 역사 동안, 20년의 시간동안 주된 발전이 이루어졌다는 점에서 빠르게 발전한 만큼 이면에 문제와 과제가 산재해 있다는 점입니다. 한국 HRD는 일본이나 미국의 실무를 받아들여 빠른 속도로 발전하고는 있는데 왜 이런 프로그램 툴들을 활용하는지 충분한 고민이 이루어지지 않은 채 제목과 껍데기만 들여오는 경우가 많습니다. 기업을 방문해서 HRD를 살펴보면 실제로 이벤트성 투자인 경우가 아직도 대부분입니다. 1년 10억을, 20억을 투자하면서도 우리 조직의 HRD 발전이 어떤 방향으로 어떤 목표를 갖고 진행된다는 인식 없이 선진기업이 하니까, 라이벌 기업에서 도입했다니까 등의 이유로 따라가기 급급해서 진행되는 경우도 다반사입니다. HRD는 이벤트로 흐르는 한 기업 성과나 구성원들 삶에 큰 도움 안 됩니다. 아직 경영진과 직원들의 인식이 부족하다는 것이 모든 HRD 담당자들의 고민일 겁니다. 더구나 HRD는 코스트 센터라는 인식이 아직도 남아있고 경기가 안 좋을 때 예산을 10% 아니라 50%, 70%까지 깎는 기업이 있습니다. 이런 것들은 HRD 하는 사람들이 HRD가 경영성과와 연동된 활동이란 것을 보여주지 못했다는 반증입니다."

전반적으로 국내 기업의 인적자원개발전략은 공통적으로 기업이 나가야 할 방향설정에 있어 세심한 분석과 검토 없이 설계되고 있다는 것이다. 근자에는 외국의 무분별한 프로그램 도입에 반대의 목소리가 높다. 그래서 일부 전문가들은 한국적 HRD를 지향해야 한다고 주장한다. 우리 몸에 맞는 HRD를 하자는 것인데, 그렇다면 필자는 다음과 같은 질문을 던지고 싶다.

한국적 HRD는 과연 무엇인가? 한국적 HRD는 어떻게 하는 것인가?

단순히 프로그램만 우리 몸에 맞추면 제대로 된 HRD를 할 수 있는가?

필자의 생각은 다르다. 외국적 HRD, 한국적 HRD는 없다고 본다.

HRD에 산재해 있는 근본적인 문제를 해결하지 못한 원인 때문에 이러한 견해들이 피력된 것으로 생각한다.

국내 HRD 현장 스케치

여러분은 아래 내용에 대하여 어느 정도 공감하십니까?

☐ 연수원 문 나서면 교육내용 모두 잊어버린다!

☐ 눈치 안 보고 역량개발 할 수 있는 방법 없습니까?

☐ 교육은 교육! 업무는 업무!

☐ 교육투자 많이 하는데 성과 좀 보여줘!

☐ 교육은 인사고과 홍위병?

☐ 관리자는 너무 무관심해!

☐ 인사와 교육 좀 연계시켜 주세요!

☐ 교육 후 업무에 적용?

☐ 교육 담당자가 조직컨설턴트의 역할을 해야 한다?

☐ 교육은 예산만 낭비하는 공공의 적?

질문! 인적자원개발에 대한 여러분의 고민은 무엇입니까?

고민 1:

고민 2:

고민 3:

고민 4:

고민 5:

Human Resources Development
know-how

인적자원개발

단골손님

뺑치지 마라? / 인적자원개발 단골손님은 누구인가? / 인적자원개발 단골손님, 그들은 HRD에 대하여 어떤 생각을 가지고 있는가? / HRD에 대한 주요 가치 및 기대사항 / HRD에 대한 각 이해관계자별 역할 및 수행 정도 / 인적자원개발 전략수립 참여도 / 인적자원개발 경영성과 기여도 / 직원들의 학습 후 현업 적용 및 실천도 / 인적자원개발의 인사활용도 / 경력개발제도 운영 / 전략적 인적자원개발에 대한 HRD시스템 기여도 / 인적자원개발 결과 보고서 내용 및 만족도 / HRD시스템 정보 유용성 / 부하직원들의 역량개발에 대한 역할 수행 / 인적자원개발에 필요한 HRD시스템 / 인적자원개발 산출물에 대한 HRM 활용 / 역량개발을 위한 상사와의 면담, 코칭 등 활용 정도 / HRD 단골손님 중 가장 골치 아픈 사람은 누구인가? / HRD 단골손님을 어떻게 관리할 것인가? / HRD 이해관계자별 역할 수준 성숙도 진단 / HRD는 결혼생활과 같다

　필자가 아는 분 중에 '며느리 보쌈'이라는 타이틀을 가지고 울산에서 식당을 운영하는 분이 계신다. 정확히 말하자면 필자의 '큰 처형'이다. 음식 맛이 좋아 손님이 늘 북적댄다. 우리 아이들도 이모가 만들어 주시는 보쌈이 먹고 싶어 할머니집에 갈 때면 항상 그곳에 들러 음식을 맛보고 온다. 그런데 요즈음 경기가 예전만 못하다고 한다. "처형, 왜 경기가 예전만 못하나요?" 처형 왈, "단골손님을 위해 국산 돼지고기만 사용하다보니, 채산성이 악화되고 있다."고 했다. 일부 식당에서는 채산성을 맞추려고 수입산 돼지고기를 사용한다고 한다. 처형도 공급업체로부터 여러 번 유혹을 받았다고 했다. "사장님, 수입산 돼지고기를 한번 사용하시지요…." 처형은 단골손님을 위해 과감히 유혹을 뿌리쳤고, 그 결과 지금은 예전보다 훨씬 더 수입이 좋아졌다고 한다.

　단골손님이 점점 더 늘어가고 있고, 채산성을 맞추느라 수입산 돼지고기를 사용한 다른 식당들은 모두 문을 닫고 있어 경쟁력을 완전히 갖추었다고 한다.

　최근에는 포항점도 개설했다.

　단골손님을 제대로 잡은 덕분이다.

　현대조직은 정부의 수집과 환경과의 관계정립이 조직의 발전에 매우 중요한 역할을 함을 인지하면서도 이들이 너무 유동적이어서 파악하기 어려운 상황에 처해 있다.

　조직은 고유한 이해관계 그룹을 가지고 있으며, 이들은 조직에 의해 영향을 받고 조직에 영향을 준다. 따라서 이들을 관리하는 것이 조직의 생존과 발전에 필수 불가결한 요소로 인식되고 있으며, 현대경영에 중요한 화두로 등장하고 있다.

　그래서 요즈음 이해관계자 경영, 전략적 파트너십이 뜨고 있다. 즉, 이해관계자인 단골손님의 기대사항을 반영하지 못하면 단골손님은 언제든 떠날 준비를 한다.

　여러분은 인적자원개발 활동을 하면서 조직 내에서 HRD 활동에 영향을 미치고 영향을 받는 단골손님이 누구인지 한번 생각해 보신 적이 있습니까?

　만약 단골손님이 누구인지, 단골손님이 무엇을 원하고 있는지도 모른다면….

　어느 가수가 부른 노래

　"오실 땐 단골손님 안 오실 땐 남인데…."

　HRD 단골손님을 놓치지 마십시오.

　단골손님 놓치면 가게 문 닫습니다.

뻥치지 마라?

모 기관에서 주최한 'HRD 담당자 교육'에 초대를 받은 적이 있었다.

교육시작 전 과정운영 담당자가 교육생들의 니즈에 대하여 필자에게 내용을 보여 주었는데, 필자가 강의하는 내용에 대한 교육생들의 니즈가 전혀 없었다.

(속으로) 나의 강의가 끝나도 이런 반응이 나타나는지 두고 보자….

강의가 시작되었다. "오늘 제 강의를 들으시면 HRD를 바라보는 시각이 10년은 앞당겨질 것입니다." 교육생들의 표정을 보니 모두들 '뻥치지 마라'는 눈치다.

필자가 생각하기에도 당연한 반응이라고 생각했다. 국내 일류 대기업 교육 담당자, 컨설턴트 및 교수도 아닌 공기업 교육 담당자가 그런 말을 했으니….

그러나 강의가 끝날 즈음 그들의 반응은 완전히 달라진다. 표정과 눈빛에서 필자는 그것을 읽을 수가 있었다. '어, 뻥이 아니었네….' 과정이 끝난 후 명함 교환하느라 정신이 없다. 필자는 그 이후로 모 기관에서 주최하는 교육 담당자 양성과정에 단골강사로 출강하고 있다.

KBS 연수원에 직원들을 대상으로 '인적자원개발 전략 및 사례'를 주제로 특강요청을 받았다. 당시 KBS 연수원장님은 필자의 세대에 인기가 많았던 윤영미 아나운서였다. 강의 전 원장님과 인사를 나누는데 원장님이 양해를 구한다고 했다.

강의시간은 2시간인데, 서울 본사에 급한 회의가 있어 1시간밖에 필자의 강의를 들을 수 없다고….

그런 후 강의를 마치고 나오는데 회의 때문에 서울 본사에 계실 윤영미 원장님이 그대로 계신 것이었다. 필자는 "원장님, 서울에 안가셨나요? 회의가 취소되었어요?"라고 여쭈어 보았다. 원장님 왈, "장 박사님의 강의를 들으니 도저히 회의에 갈 수가 없었어요. 강의를 끝까지 듣지 않으면 후회할 것 같아서요…."

감사하고, 기분이 너무 좋았다. 덕분에 윤영미 원장님의 사인도 덤으로 받아 왔다.

인적자원개발 단골손님들이 누구인지, 그들은 무엇을 기대하는지, 그들의 역할이 무엇인지를 알 수만 있다면, HRD 담당자들의 많은 고민들은 해결될 것이다.

뻥치지 마라?

인적자원개발 단골손님은 누구인가?

여러분은 인적자원개발 단골손님들이 누구인지 알고 계십니까?

기업이 경영활동을 수행할 때 이에 관련을 가지고 있으면서 영향을 미치는 제 집단을 이해관계자(Stakeholder)라고 한다.

기업의 경영활동에 대한 이해관계자는 좁은 의미로는 기업의 기능 및 경영활동의 존속과 유지를 위해 활동하는 주요 집단을 말하며, 넓은 의미로는 기업의 기능과 경영활동에 의해 영향을 주거나 받을 수 있는 개인이나 집단 모두를 포함하고 있다.

그렇다면 조직 내에서 'HRD활동에 영향을 미치고 영향을 받는 자', 즉 단골 손님은 누구인가? 단골손님도 모르면서 우리가 어떻게 HRD를 잘할 수 있겠는가?

아쉽게도 필자는 약 20년간의 HRD업무를 담당하면서 국내외에서 개최된 많은 세미나를 다녀보았지만, HRD와 관련한 단골손님, 즉 이해관계자에 대하여 명쾌하게 제시해준 사람도 없었고, HRD와 관련한 국내의 서적, 논문 어디에도 HRD 단골손님에 관한 내용은 없었다. 이런 와중에 박사논문을 준비하면서 HRD 이해관계자에 대하여 관심을 가지게 되었고, 논문 주제도 이해관계자를 중심으로 한 인적자원개발 모형개발로 가닥을 잡고 연구하였다.

연구 중에 HRD 분야 석학을 만났다. 아일랜드 리메릭대학(University of Limerick)의 가라반(Thomas N. Garavan) 교수였다.

가라반 교수는 HRD 내부 이해관계자를 경영층, 관리자, HRD 담당자, 인사 담당자, 직원으로 분류하면서 HRD 담당자들은 HRD전략의 수용도를 높이기 위해 이해관계자들의 다양한 관점을 수집하는 것이 주요 임무 중 하나라고 하면서, HRD 기능은 다음과 같이 특별한 방법으로 관리해야만 한다고 하였다.

①HRD 기능은 HRD 이해관계자들과 조직의 이익을 위하여 관리되어야 하며, HRD 기능에 의하여 만들어진 의사결정에 이해관계자들이 우선적으로 참여하도록 고려되어져야 한다.

②HRD 기능은 HRD 이해관계자들의 관심을 위해 실행되어져야 하고 각 그룹의 장기적 관점을 반영해야 한다.

첫 번째 HRD 기능은 이해관계자들의 정당성을 인식케 해주고, 이해관계자들의 정당성 속에는 몇 가지 학습계약서 형태를 포함하고 있다. 그 계약서의 내용 및 실행과 관련되어 의사결정을 함에 있어 이해관계자들은 참여할 권한을 가지고 있다.

두 번째 HRD 기능은 HRD 담당자에게 주요 이해관계자들의 주장을 인식할 의무를 주지시키는 효과가 있다. 이해관계자들의 주장은, 단기적으로는 서로 갈등의 소지가 있지만, 장기적인 관점에서는 HRD 기능을 최적화시켜주는 역할을 제공해준다.

HRD를 제대로 이해하고 잘하려면 HRD의 단골손님인 이해관계자가 누구인지를 아는 것은 기본 중의 기본이다.

인적자원개발 단골손님, 그들은 HRD에 대하여 어떤 생각을 가지고 있는가?

짜고 치는 고스톱? 필자가 국내 기업 HRD 이해관계자 16명을 대상으로 심층 인터뷰를 한 후 인터뷰한 내용을 필사할 때의 일이다. 녹음의 양이 많고 업무가 바빠서 고등학생인 큰 딸에게 아르바이트를 주었다. '한타', '영타'의 실력이 모두 700타 정도 된다고 하니, 가히 달인의 수준이다.

학교에서 타자대회를 하면 선배들을 제치고 늘 1등을 한다.

공부보다는 모두 게임덕분이다. 공부를 게임같이 했으면 좋으련만….

딸아이가 필사를 시작한 후 3일이 지났을 때,

큰딸 : 아빠, 이거 좀 이상해.

필자 : 무엇이 이상하다는 거야?

큰딸 : 이거 짜고 치는 고스톱 아니야?

필자 : 니가 고스톱을 알아?

큰딸 : 아니, 근데 이거 인터뷰 내용이 왜 이렇게 비슷해?

필자 : 뭐가 비슷하다는 거야?

큰딸 : 아니, 회사는 다른데 아저씨들이 하는 이야기가 왜 이렇게 똑같아? 아빠, 고스톱
　　　 짜고 쳤지?

　　　 나는 HRD가 무엇인지 몰랐는데, 아저씨들이 한 말을 계속 들어보니까 HRD는 이
　　　 렇게 하면 되는 거구나. 좀 알 것 같아. 아빠가 하는 일도. 근데 아빠! 아저씨들 왜
　　　 그렇게 속 썩여! 그렇게 하면 되는데 말이야.

필자 : (마음속으로) HRD에 입문하여 10년을 넘게 해도 HRD를 어떻게 해야 하는지에

대하여 확실한 가치관을 정립하기가 어려운데, 몇 일만에 HRD의 비밀을 그렇게 쉽게 간파하다니….

큰딸아! 그것은 짜고 치는 고스톱이 아니라, 이심전심이라고 해야 맞는 것 같다. 사람들의 마음은 거기가 거기거든.

필자는 인적자원개발활동에 관심이 많고 비교적 HRD 인프라가 우수한 국내 기업(3개 기관, 16명) HRD 내부 이해관계자인 경영층, 관리자, HRD 담당자, 인사 담당자, 직원들을 대상으로 인적자원개발에 대한 가치와 기대사항 및 역할에 대하여 심층 인터뷰를 통해 그들이 가지고 있는 인적자원개발에 대한 요구사항을 파악해 보았다.

질문항목은 공통주제와 개별주제로 나누어서 인터뷰를 진행하였다.

HRD 내부 이해관계자별 인터뷰 질문항목은 〈표 2-1〉과 같다.

〈표 2-1〉 HRD 내부 이해관계자별 인터뷰 질문지 항목

구분	주요 항목
공통주제	• HRD에 대한 주요 가치 및 기대사항 • HRD에 대한 각 이해관계자별 역할 및 수행 정도 • 인적자원개발 전략수립 참여도 • 인적자원개발 경영성과 기여도 • 직원들의 학습 후 현업 적용 및 실천도 • 인적자원개발의 인사활용도 • 경력개발제도 운영 • 전략적 인적자원개발에 대한 HRD시스템 기여도
개별주제	• 인적자원개발 결과 보고서 내용 및 만족도 • HRD시스템 정보 유용성 • 부하직원들의 역량개발에 대한 역할 수행 • 인적자원개발에 필요한 HRD시스템 • 인적자원개발 산출물에 대한 HRM 활용 • 역량개발을 위한 상사와의 면담, 코칭 등 활용 정도

다음은 HRD 내부 이해관계자별 공통주제 및 개별주제 모음들을 소개하고, 이어서 각 주제마다 구체적인 인터뷰 자료를 제시한다.

HRD에 대한 주요 가치 및 기대사항

공통범주 ▶

인적자원개발은 기업이 생존하고 성장하는 데 있어서 정말 굉장히 중요한 역할을 하고 있다고 생각합니다. 다시 말씀드려서 기업이란 것은 결국 사람으로 구성되어 있고, 그 사람이 어떻게 하느냐에 따라서 기업의 앞날이 어떤 성공과 실패가 결정된다고 볼 수 있습니다. 따라서 인적자원개발이라는 것은 그 기업의 구성원들을 지속적으로 성장시키고, 전문적인 지식, 리더십이나 다른 역량들을 계속 발전시키는 것이기 때문에 그 사람들이 발전되는 것은 결국 기업이 발전되는 것이라고 생각하고 있습니다.

(B사 경영층)

기업의 경쟁력은 그 어떤 물적 자원보다도 인적 자본인 인재확보가 가장 중요하다고 보겠습니다. 특히 결국은 사람이 일을 하기 때문에 HRD를 통해서 개인의 능력이 곧 기업의 경쟁력으로 연결된다고 보고 있습니다. 그런 측면에서 HRD는 굉장히 중요하고, 직원 스스로는 개인적으로 자기개발을 통해서 자기 욕구성취 목표달성이 가능하기 때문에, 개인으로도 그렇고 기업으로서도 가장 중요한 가치가 있다고 볼 수가 있겠습니다. (C사 관리자)

전반적으로 HRD에 대해 각 이해관계자들의 가치와 기대사항은 조금씩 차이는 있지만 인적자원개발은 기업 생존에 필수적인 요소로 생각하고 있는 것으로 나타났다. 다만 경영층과 관리자, 인사 담당자들은 HRD 가치에 대해 유사한 관점을 지닌 반면, HRD 담당자들과 직원들은 매우 좁은 시각에서 HRD를 바라보고 있었다.

HRD 주요 가치에 대해서 경영층은 구성원의 능력에 따라 기업의 성공과 실패가 결정된다고 보고 있으며, 조직구성원들의 발전이 기업의 발전으로 연결된다는 기대를 가지고 있었다. 또한 조직 활성화에 중요한 역할을 담당하고 있다는 인식도 가지고 있었다. 그러나 전반적으로 HRD 주요 가치에 대한 경영층의 관점은 매우 추상적인 선에서 생각을 하고 있는 것으로 나타나 실질적인 HRD에 대한 가치정립이 필요할 것으로 보인다. 즉, HRD 투자가 조직의 성공과 발전으로 연결되기 위해서는 HRD에 대한 경영층의 구체적인 가치와 기대사항이 HRD 실행으로 연결되어야 함을 보여주고 있다.

관리자들은 개인의 능력이 기업의 경쟁력으로 연결된다고 보고 있으며, 이런 측면에서 HRD는 매우 중요하다고 하였다. 아울러 관리자들은 HRD를 통해서 자기 욕구에 대한 성취 목표를 달성할 수 있기 때문에 HRD에 중요한 가치를 부여하고 있었다. 그럼에도 불구하고 경영층과 마찬가지로 관리자들도 추상적인 선에서 HRD에 대한 가치와 기대사항을 표명하고 있는 것으로 나타났다.

HRD 담당자들은 교육 기회의 공평성을 기대하고 있으며, 개인별 맞춤형 교육과정을 원하고 있었다. HRD에 대해 외국의 사례에서 나타난 HRD 담당자들의 주요 가치, 기대사항과 비교해볼 때 국내 HRD 담당자들의 생각은 많이 다르게 나타났는데, 내부 이해관계자들의 다양한 기대사항을 HRD 활동에 반영하기 위해서는 HRD 담당자들의 많은 연구와 노력이 필요한 것으로 나타났다.

인사 담당자들은 변화에 대처하는 수단으로 HRD의 가치를 부여하고 있었다. 그러나 조직에서 체계적인 지원이 부족하여 변화의 수단으로써 HRD가 제대로 수행되지 않다는 의견을 피력하고 있다. 향후 인사 담당자들은 조직에서 체계적인 지원 부족의 원인이 무엇인지를 밝혀내고, 이를 지원할 인사 담당자의 역할을 제고할 필요가 있다.

직원들은 HRD가 역량개발을 위해 도움이 된다는 가치를 가지고 있으며, 현업에 직접적으로 적용할 수 있는 지식과 스킬에 대한 교육과정을 제공받기를 기대하고 있었다. 아울러 HRD 활동이 인사 등 타 분야와 연계될 수 있는 제도 및 장치가 필요하다고 하였다. 향후 HRD 담당자들은 직원들의 역량개발을 위해 실무에서 적용할 수 있는 보다 질 높은 교육과정을 제공할 수 있도록 하는 노력이 필요하고, 인사 담당자들은 직원들의 역량을 토대로 인사에 다양하게 활용할 수 있는 제도적 장치를 마련하는 노력이 필요하다.

HRD에 대한 주요 가치 및 기대사항을 정리하면, 현재 내부 이해관계자들이 HRD를 바라보는 시각이 매우 추상적이고, 좁은 관점을 지양하고 있어 전략적 인적자원개발을 실행하기에는 많이 부족함이 있는 것으로 나타났다.

HRD에 대한 각 이해관계자별 역할 및 수행 정도

공통범주 ▶

모든 경영자들이 인재의 중요성을 역설하고 있지만, 그것을 행동으로 옮기지 않는 것은 크나큰 문제라고 봅니다. 경영층의 역할은 본인들이 강조하는 인재의 중요성을 실제 현업에서 피부로 느껴질 수 있도록 구체적인 정책이나 자원배분상에서 행동으로 보여주는 게 경영층의 큰 역할이 아닌가 생각이 됩니다. 대부분의 경영자들이 현재까지는 인식의 단계, 즉 말로 하는 단계에 머물러 있는데 향후 경영층의 역할은 이것을 행동으로 보여주고, 가장 중요하고 충분한 자원이 HRD에 할당되고, 그것이 HRD에서 사용될 수 있게 하는 것이 경영층의 중요한 역할이 아닌가 생각이 됩니다.

(C사 관리자)

조직 속에서 보면 교육부서, 즉 HRD부서는 조직역학구도상 크게 권한을 가지고 있는 부서라고는 할 수가 없습니다. 반면에 인사부서는 교육부서, 타 부서에 비해 많은 권한을 가지고 있기 때문에 인사가 단순히 직원들을 관리하는 부서가 아니고 좀 더 적극적이고 긍정적으로 직원들의 변화를 이끌어 내고 역량개발을 이끌어 내는 부서가 되어야 되고, 인사에 대해 시행하는 모든 정책이 변화와 역량개발의 측면에 초점을 맞추어야 된다고 생각합니다. 그런데 현재 인사부서의 역할이 단순히 관리역할에 머무르고 있다고 봅니다. (A사 HRD 담당자)

요즘은 직원들이 자기개발을 하려고 노력합니다만, 첫째, 자기개발은 본인의 책임하에 역량을 키우고, 성장해야 되겠다는 강력한 의지가 필요하다고 봅니다. 둘째, 자기의 노력이나 성장이 자기 개인의 이익이나 어떤 개인의 목표가 아니라 실제로 회사의 목표와 연관되는 그런 쪽으로 해야 된다고 봅니다. 그래서 배운 지식을 어떻게 현업에 적용하고 내가 회사의 발전을 위해서 어떻게 기여를 할 것인가? 이런 쪽으로 포커스를 맞춰야 되는데 요즘 시대에 그런 부분이 좀 줄어드는 것 같아서 안타까운 점이 있습니다. **(B사 경영층)**

전반적으로 HRD 내부 이해관계자들의 역할 수행 정도는 아직까지 부족한 것으로 조사되었다. 각 이해관계자들의 역할 부족 사유로는 공통적으로 각 이해관계자별 역할 인식 부족, 제도 및 인프라가 부족한 것이 주된 요인으로 나타났다.

HRD에 대한 각 이해관계자별 역할 및 수행 정도에 있어서 경영층은 인재육성의 중요성을 현실에 반영하는 실제적인 행동과 지원이 필요하다고 본다. 특별히 경영층은 장기적으로 기업경쟁력 제고에 필수 요건인 인재육성 투자보다는 단기적으로 가시적인 성과에 치중함으로써 실질적이고 체계적인 인재육성에 한계점을 가지고 있다. 이와 관련하여 특별히 HRD 담당자들은 지속적으로 경영층에게 인재육성의 중요성을 설득함과 아울러 HRD가 경영성과에 기여함을 보여줄 수 있는 실질적 정보를 제공해야 한다.

관리자들은 직원들의 부하 육성에 대한 책임이 주요 임무 중 하나라고 할 수 있다. 이를 위하여 관리자들은 부하 직원들의 역량 수준을 파악하고, 필요한 교육과정을 이수하도록 독려하며, 조직 내에서 학습문화를 정착시켜 직원들이 상사의 눈치를 보지 않고 마음껏 역량개발을 할 수 있는 분위기를 조성하여야 한다. 아울러 관리자들의 다양한 노하우를 직원들에게 전수하는 역할이 필요하다.

HRD 담당자들은 현업에서 필요로 하는 교육과정 제공과 HRD 전문성 제고를 통한 각 이해관계자들로부터의 신뢰를 받는 것이 중요한데, 이를 위해서는 지속적으로 HRD 분야 역량 강화를 통한 전문성 제고가 필요하다. 아울러 HRD 담당자들은 직원들을 위한 효율적이고 효과적인 역량개발에 필요하고 다양한 교육제도와 인프라를 우선적으로 구축해야 한다.

인사 담당자들은 능력에 따른 인재의 적재적소 배치와 인사관리보다는 지원의 강화가 필요한 것으로 나타났다. 이를 위해 인사 담당자들은 직원들의 역량 개발에 대한 동기부여와 인사운영시 능력에 대한 공정성을 담보할 수 있는 제도적 장치를 마련해야 한다. 무엇보다도 이들의 역할이 매우 중요한데 HRD와 간접적인 관계를 가지고 있으면서도 HRD에 가장 큰 영향력을 미칠 수 있는 위치에 있기 때문이다.

직원들은 자기개발을 통한 개인의 성장과 조직목표 달성에 대한 공헌, 학습내용을 현업에 적용하여 성과를 도출하는 자세가 필요한 것으로 나타났다. 이를 위하여 직원들은 역량개발 활동이 개인 니즈와 조직 니즈가 적절히 조화를 이루도록 노력을 해야 하며, 역량개발은 무엇보다도 본인을 위해서 한다는 인식을 가지고 역량개발에 능동적인 자세를 필요로 한다. 아울러 직원들은 학습한 내용을 현업에 적용, 실천하여 경영성과를 도출하는 자세가 필요하다.

인적자원개발 전략수립 참여도

공통범주 ▶

예전에도 인적자원개발전략을 한번 세운 적이 있고, 주기적으로 좀 돌아가는 것 같기는 한데 직원인 저는 직접 참여한 경험이 없습니다. 본사 같은 경우는 규모가 크니까 그중에서 대표되는 사람들이 참여를 하는 걸로 알고 있습니다. 일부 직원이 전체 한 개의 부서를 대표해야 되는데, 예를 들면 그 사람이 대표로 참여하기 때문에 나머지 직원들의 의견을 듣고 해야 합니다. 그런데 그런 것은 지금까지는 별로 없는 것 같다는 생각이 듭니다. 그런 차원에서 사실은 의견을 접수할 수 있는 창구도 부족하고, 인적자원개발 전략수립 자체도 – 해당되는 부서에서는 관심이 있을지 모르지만 – 사실은 나머지 직원들은 하고 있다는 것 자체도 모르고 있으니까 거기에 대해서 의견을 낸다는 것 자체도 어려운 일이 아닌가 싶습니다. **(B사 직원)**

인적자원개발의 성공 여부는 모든 구성원들이 구체적으로 전략실천에 어떤 방법으로 어떻게 기여해야 하는지를 알아야 한다. 즉, 조직의 모든 구성원들은 조직의 인적자원개발 전략이 추구하고자 하는 목표와 전략을 구체적으로 알고 있어야 할 뿐 아니라 그들 업무와 인적자원개발 전략이 연결해주는 연결고리의 특성을 이해할 수 있어야 한다. 특별히 인적자원개발 담당자는 인적자원개발 전략을 수립하기 위해서 내부 이해관계자들과의 긴밀한 협력을 필요로 한데, HRD 담당자들은 주요 이해관계자들에게 권한을 부여하고, 상호간 협력을 통해서 다양한 관심사들에 대하여 균형 있는 해결점을 모색하려는 자세가 필요하다.

그러나 아직까지도 인적자원개발 전략수립에 있어서 극히 일부분의 구성원들만이 참여하고 있는데, 아직도 인적자원개발업무가 부서 고유의 업무영역으로 각인되어 전략 수립에 구성원들의 참여를 이끌어내지 못하고 있기 때문이다. 이러한 주된 이유로는 구성원들이 참여할 수 있는 제도나 인프라 부족, HRD 업무 자체가 교육이나 인사부서의 고유영역이라는 생각이 아직도 지배적인 것으로 나타났다.

인적자원개발 경영성과 기여도

공통범주 ▶

교육을 왜 시키는지…. 결국은 어떤 성과를 내기 위해서 하잖아요. 그럼 부서에 장기 플랜 비전이 있을 겁니다. 그러면 장기 플랜에 맞춰서 사람을 육성하려고 해야 하는데, 지금은 그런 것보다는 기능적으로 그냥 교육을 시키다 보니까 이게 성과와 연동된 게 아니에요. 그냥 그 사람 중심의 '너 거기 업무를 맡고 있지? 그러니까 그런 교육은 받아야지.' 이런 식이거든요. **(A사 인사 담당자)**

우리 기업의 경우, 내용적으로는 인적자원개발이 경영성과에 크게 기여한다고 봅니다. 다른 기업에 비해 인적자원개발 부분에 상당히 많이 투자되어 있습니다. 다만 조직 내의 다양한 이해관계자들에게 인적자원개발의 가시적인 성과를 보여 줄 수 있는 그 무엇이 필요하다고 생각됩니다. 그래서 아직도 투자 대비 각 이해관계자들이 느끼는 체감 정도는 어느 정도 낮다고 판단하고 있습니다. 따라서 가시적인 성과를 보여 줄 수 있는 것이 필요합니다. 가령, 학습 후 교육성과를 측정한 다양한 데이터가 필요하다고 봅니다. 이를 위해서는 다양한 제도적 장치와 더불어 각 이해관계자들의 역할에 대한 노력이 더 필요하다는 생각이 듭니다. **(C사 관리자)**

인적자원개발에 대한 경영성과 기여도는 대부분 낮다고 이야기 하고 있다. 주된 이유로는 학습 후 현업 적용이 없고, 구체적인 성과목표나 역할도 없었다. 또한 경영성과 기여도를 측정할 제도나 인프라가 없는 것도 주된 요인이라고 말하고 있다.

그동안 한국 기업의 인적자원개발 부서는 '비용부서'로 인식되어 경영환경이 어려울 때마다 HRD 위기론이 대두되고 있다. 이러한 이유는 기업의 교육훈련이 단기적으로 반짝할 뿐, 인적자원개발이 기업성과를 뒷받침했다는 객관적인 자료를 제공하지 못했다는 사실은 이미 우리가 알고 있는 현실이다. 무엇보다도 인적자원개발은 조직의 경영성과에 기여를 해야 하며, 경영의 전략적인 파트너 역할을 수행해야 한다.

전반적으로 인적자원개발에 대한 경영성과 기여도는 낮게 나타나고 있다. 일부 기업에서 심정적으로 크게 기여한다고는 해도 객관적인 데이터 증명이 어려운 것이 현실이기 때문에 각 이해관계자들이 느끼는 체감온도는 낮다고 하였으며, 이러한 현상은 대부분의 기업에서 나타났다. 객관적인 데이터 제공을 위해서 커크패트릭(Kirkpatrick)이 제안한 4단계 평가를 통해 인적자원개발 담당자들이 많은 노력을 함에도 불구하고, 스킬이나 인프라 부족 등으로 인하여 제대로 실현되지 못하고 있는 상황이다. 이러한 이유 중의 하나는 교육 결과에 대한 잘못된 평가 방법도 일조하고 있다. 즉, 교육평가가 교육의 결과 또는 성과를 측정하여 등급을 부여하고 우열을 분류하려는 데 치중하기 때문이다. 경영성과는 수치도 중요하지만 경영성과에 기여하는 다양한 변인들을 찾아내는 활동도 매우 중요하다.

직원들의 학습 후 현업 적용 및 실천도

공통범주 ▶

교육이라는 게 사실 그런 면도 있지 않습니까? 굳이 이런 역량교육이 아니더라도 이렇게 일상의 업무를 하다가 조금 머리를 식히는 그런 개념도 들어가 있다고 봅니다. 그렇기 때문에 부하직원을 압박하고 그렇게 하지 않는 풍토입니다. 교육하는 것은 일종의 '머리 좀 식혀서 온다.' 그리고 '너한테 도움이 되면 도움이 되는 대로 업무에 활용을 해라.' 하는 자율적인 겁니다. 교육을 갔다 온 이후에 그 교육에 대해서 부서원들끼리 토론을 해본다든지, 아니면 교육 갔다 온 직원이 전파교육을 한다든지 그런 건 없습니다. 우선 관리자가 그 교육에 대한 가치를 인식을 못하고 있고, 교육을 가는 사람도 그런 교육을 왜 받아야 되는지 알지 못하고 있기 때문입니다. 더구나 자기가 그 교육을 갔다 와서도 교육받은 내용으로 경영성과를 이루어야겠다는 목표의식이 없기 때문에 교육 후의 실천들이 이루어지지 못하고 있습니다. **(A사 관리자)**

글쎄 뭐 교육이라는 게 바짝 표면으로 드러나는 건 아니니까요. 그런 어려움도 있을 것 같고, 경우에 따라서는 현업에 필요한 교육을 갈 때도 있겠지만 가지 않는 경우도 있습니다. 현업에 바로 적용할 수 있는 사항이 아닌 것일 수도 있고, 바로 적용이 불가능하고 장기간에 걸쳐 성과가 나타나기 때문에 딱 그거는 안 될 것 같고, 뭐 적용을 해도 사실은 제도상으로 학습을 관리하는 부서들도 좀 느슨하게 관리를 하고, 아무래도 느슨하게 관리를 하니까 관리하는 부서들도 의지가 좀 약하고, 배우는 사람들도 그런 관례에 따라서 적용하려고 하는 의지가 약해지는 것 같습니다. **(B사 관리자)**

일부 기관을 제외한 대부분 기관들의 이해관계자들은 학습 후 현업 적용 및 실천도가 잘 이루어지지 않고 있다고 말하고 있다. 주된 이유로는 인적자원개발에 대한 목적의식이 부족하고, 조직 내 학습 분위기와도 무관치 않은 것으로 보인다. 즉, 학습이 반드시 성과를 도출하고 현업에 적용해야 한다는 마인드가 부족한 것으로 나타나고 있으며, 학습에 가장 중요한 역할을 담당하는 관리자들의 인식 부족도 한몫을 하고 있는 것으로 보인다. 또한 직원들이 학습 후 현업에 적용하고 실천해야 할 제도적 장치가 없으며, 이를 효율적으로 추진할 인프라가 부족하다고 말하고 있다.

피욜(Fiol)과 릴리스(Lyles, 1985)는 학습을 "더 나은 지식과 이해를 통해 행동을 개선하는 프로세스"라고 정의한 바 있다. 이것은 학습 후 배운 내용을 현업에 실천하여 성과를 도출하지 못하면 학습이 이루어지지 않았다는 것을 의미한다. 기업은 학습을 기업 활동의 중심에 놓고 강조하고 있지만, 여전히 학교교육 관점으로 학습을 이해하는 데 문제가 있다. 학습 효과성에 공헌하는 학습구조를 보더라도 학습 후 팔로업(Follow Up)이 50%를 차지하고 있다. 즉, 기존의 인적자원개발이 과정개발을 하고 운영을 하는 데는 많은 노력을 기울이지만, 정작 가장 중요한 학습 후 활동에는 소홀히 하고 있음을 알 수 있다.

인적자원개발의 인사활용도

공통범주 ▶

사실은 형식적으로 되어 있기 때문에 일단은 교육점수 10점을 채웁니다. 10점 채우면 그 정도에서 끝나는 정도입니다. 모두 10점 만점을 받습니다. 학습결과가 실질적으로 직원들에게 영향력을 주면서 실효성을 가질 수 있는 좋은 방법은 보직관리라든지 아니면 승진이라든지 이런 쪽에 연계가 돼 있는 것이 가장 중요한 문제라고 생각합니다. 더 현실적인 얘기로는 어떤 직원들의 능력이나 역량 평가하는 데이터가 아직 충분히 축적되어 있지 않다는 데 문제가 큰 것 같습니다. 그리고 데이터를 활용하는 시스템도 그에 따라서 지금 ERP시스템이기는 하지만 제한적으로 구축이 되어 있어서 문제가 있지 않나 그렇게 생각을 합니다. **(B사 교육 담당자)**

인적자원개발에 대한 인사활용도는 전반적으로 매우 미흡하다고 말하고 있다. 주된 이유로는 형식적인 인사고과 반영, 개인별 능력 수준에 대한 객관성 확보의 어려움, 교육과 인사와의 연결고리가 부족하다고 하였다.

HRD(Human Resources Development)와 HRM(Human Resources Management)의 수평적이고 내부적인 통합 또는 적합관계는 실제적으로는 어려울지는 모르지만, 조직에서의 전략적 인적자원개발을 위해서는 분명히 중요한 사실이다. HRD는 HRM 전략의 일부분으로서 인식해야 한다. 즉, HRM의 중심적인 역할로서 HRD가 되어야 한다는 것이다. 아울러 전략적 인적자원개발을 위해서는 HRD가 단순히 보완적 역할로서 HRM 활동으로 설명되어지기보다는 HRM에 의해 더욱 HRD가 강화되어야 하고, 그것은 HRM과 HRD 사이의 전략적인 협력관계가 이루어질 수 있음을 의미한다. 이러한 HRM과 HRD와의 관계가 완전히 하나로서 인식이 되는 정도까지의 협력과 통합이 없이는 아마도 기업 목표의 수행에 대한 결실을 맺는다는 것은 거의 불가능할 것으로 보인다.

　이러한 문제점을 해결하기 위해서는 구성원들의 능력에 대한 객관적인 데이터가 필수적이다. 즉, 인사에 활용할 데이터가 부족함에 따라 인사부서는 승진, 전보 등 인사운영에 어려움이 예상된다. 아울러 인적자원개발 부서는 이러한 문제점을 해결하기 위해 다양한 노력을 기울여야 하고, 인사부서도 제도적 장치를 마련하여 조직 구성원들이 열심히 능력개발을 하면 이에 대한 다양한 보상이 직원들에게 돌아간다는 신뢰를 보여 줄 수 있는 제도가 필요하다.

경력개발제도 운영

공통범주 ▶

우선은 인사제도가 제일 문제인 것 같습니다. 인사제도가 경력관리를 할 수 있도록 그런 루트라든가 인사제도 자체도 없고, 인사 쪽에서 그런 쪽에는 별로 관심이 없었던 게 사실입니다. 오히려 HRD 부서에서 한 번 시도를 한 적이 있는데 실패했습니다. 우선은 인사제도가 직원들의 경력개발에 대한 루트라든가 제도 마련이 필요할 것 같습니다. **(B사 HRD 담당자)**

경력개발제도에 대한 로드맵이 설계화되어 있지 않고, 경력개발을 위한 특별한 제도가 부족한 실정입니다. 개인별 객관화된 능력 수준에 대한 데이터 부족도 원인이 아닌가 생각됩니다. **(C사 관리자)**

인터뷰 기관의 경력개발제도는 전반적으로 잘 운영되지 않는 것으로 나타났다. 주된 이유로는 경력개발을 위한 개인별 객관적인 데이터나 인프라가 없고, 경력개발제도가 미비되어 있었다. 경력개발을 위하여 각 기관에서는 나름대로 외부 전문기관과의 용역을 통하여 노력을 하고 있는 것으로 보인다. 그러나 용역 결과를 실제적인 제도로 연결시키지 못하고 있고, 각 기관별 실정에 맞는 경력개발제도 구축이 필요한 것으로 나타났다.

경력개발제도는 조직구성원 본인을 통해 개인적 관점을 제도에 반영하고, 조직의 인적자원계획을 경력관리에 연계시키는 인사관리제도의 하나로 개인과 조직을 연결해 주는 연결고리인 중개자로서 상사의 역할을 중시한다. 경력개발제도 구축의 첫 번째 단계는 조직구성원 개인으로부터 출발한다. 조직의 각 개인은 자신이 누구인지를 객관적 자료를 가지고 정확하게 파악하여 자기진단을 한 다음, 본인에게 적합한 경력 경로를 스스로 계획한다. 그리고 자신이 조직에서 도달하고자 하는 경력을 자기개발을 통해 부단히 가꾸어 나가는 자세가 필요하다. 두 번째 단계로, 조직은 비전 · 전략과 연계시킨 인재육성 및 성과관리 계획을 수립한다. 이에 따라 경력계획을 수립하고 다양한 경력 경로와 직무순환 관리 그리고 교육훈련을 연계시킨 경력관리시스템을 통해서 인적자원을 효율적으로 관리한다. 여기에 인사고과와 피드백 과정이 빠질 수 없으며, 승진관리 또한 중요한 변수가 된다. 또한 효율적인 경력관리를 뒷받침하기 위해서는 경력정보시스템, 경력 상담 및 인사정보시스템 등의 활용이 중요하다.

전략적 인적자원개발에 대한 HRD시스템 기여도

공통범주 ▶

　지금으로 보아서는 전혀 기여를 못하고 있다고 생각합니다. 일단 데이터가 부족하고, 경영이나 어떤 전략적인 인적자원과 매치를 못시키고 있습니다. 저희가 승진을 할 때도 일단 이런 제공되는 데이터가 없어서 조금 애로사항이 많습니다.

(A사 HRD 담당자)

　교육정보를 관리하는 수준으로 단순관리만 해서는 기여하지 못합니다. 시스템은 만들 수 있을 것 같은데 활용을 누가 하느냐 그게 더 중요할 것 같습니다. 그래서 시스템이야 뭐 어떤 내용이 들어가고 안 들어가고, 그건 뭐 추가하고 빼고 그런 건 기계적으로 한 사람이 하면 됩니다. 중요한 것은 서로 맞물려서 돌아가야 되는데, 예를 들어 교육 파트에서 딱 멈춰버리면 아무 쓸모가 없다 이겁니다. 시스템과 인사제도가 연계되어야 하는데 그게 안 되니까…. **(B사 HRD 담당자)**

　전반적으로 일부 기관을 제외하고는 현행 HRD시스템이 전략적 인적자원개발에 기여하지 못하고 있다고 하였다. 기여를 한다고 응답한 기관에서도 좀 더 각 이해관계자들이 역할을 수행할 수 있는 시스템 보완이 필요하다고 하였다. 기여도가 낮은 주된 이유로는 내부 이해관계자들이 유용하게 활용할 데이터가 부족하고, 데이터를 생산할 수 있는 인프라가 미비되어 있는 것이 주된 요인이라고 말하고 있다.

　최근 국내에서는 e-HRD시스템 구축이 활발히 진행되고 있다. 인적자원개발과 연계한 역량 진단, 교육신청, 경력개발계획 등을 전산화된 시스템으로 구축, 인적자원개발의 효율성과 효과성을 동시에 달성하고자 노력하고 있는 것으로 나타나고 있다. 이러한 노력의 일면에는 이제는 더 이상 인적자원개발 활동이 일회성으로 운영되어서는 안 되며, 경영목표 달성을 위한 지속적이고 체계적인 인적자원개발 활동의 필요함을 인식하고 있음을 보여준다고 할 수 있다. 대부분의 기관에서도 향후 선진화된 HRD시스템을 구축하면 전략적 인적자원개발에 크게 기여할 것이라고 기대하고 있는 것으로 파악되었고, 향후 HRD시스템을 구축하는 기관에서는 내부 이해관계자들의 다양한 요구사항을 반영한 시스템 구축이 필요하다.

인적자원개발 결과 보고서 내용 및 만족도

개별범주 ▶ 경영층 ▶

**단골손님들의
생생한 스토리**

　지금까지는 교육훈련에 대해서 예산을 어느 정도 집행을 했느냐 하는 부분과 계획했던 인원이 실제로는 어느 정도 달성되었는지에 대한 외향적인 부분들, 개인이 교육 이수 후 만족도가 어떻게 되어 있느냐 하는 그런 만족도 부분에 치중했던 것 같습니다. 다양한 교육이 있지만 무엇보다도 과연 업무에 어느 정도 활용할 수 있는지에 대한 활용도, 그 다음에 그 교육이 본인들한테 얼마나 효과가 있었는지, 본인의 능력 계발 또는 능력 향상에 어느 정도 기여를 했는지 그런 부분들, 그 다음에 교육을 마치고 교육을 받은 입장에서 향후 어떤 방향으로 진행이 됐는지 그런 방향 제시 같은 부분이 포함되어 있으면 좋겠다는 생각을 했습니다. **(A사 경영층)**

　예전에 비해서는 많이 좋아진 것 같습니다. 최근에는 직원들이 교육을 받기 전에는 A라는 수준이었다면 교육 후에는 실제로 여러 가지 설문을 통해서 B라는 수준으로 올라갔다고 보고를 합니다. 그런데 모든 과정은 아니지만 전략과정이 그런 식으로 하고 있고, 이런 부분이 좀 더 확산되어야 되지 않을까 하는 생각이 듭니다. **(B사 경영층)**

　교육을 어떻게, 얼마만큼 하였다, 그리고 교육 결과는, 예를 들어 교육 만족도는 몇 점이 나오고 또 보완점은 무엇이라고 보고를 받는 데 필요한 부분이고 또 그렇게 되어야 한다. 그런데 좀 부족한 면을 말하자면 아웃풋에 대한 분석이 좀 더 필요하다. 그런 측면에서 교육으로 인해서 계량적인 효과, 비계량적인 효과가 좀 더 세분화돼서 아웃풋으로 나타나 회사 내에 어필이 되어 공감대가 형성된다면 앞으로 교육의 발전에 더 큰 도움이 되겠다. **(C사 경영층)**

인터뷰 기관의 교육 결과 보고서도 예산집행, 교육계획 대비 수료인원, 과정별 교육만족도 등으로 구성되어 있어, 경영층은 불만족한다고 말하고 있었다.

일반적으로 조직에서 교육을 실시하고 나면 내부 이해관계자인 경영층에게 교육 결과를 보고한다. 주로 보고서 내용에는 교육과정별 만족도, 교육 수료인원, 예산집행액 보고 등을 통하여 인적자원개발에 대한 정당성을 확인받으려 한다. 경영층은 인적자원개발에 투자하면서 다양한 기대사항을 가진다. 예산 투입 대비 경영성과 기여도, 조직 활성화, 구성원들의 역량개발 향상도, 변화와 혁신의 가치창조 등에 대한 인적자원개발의 기여도를 확인하고 싶어 한다.

그러나 전반적으로 현행 보고서의 내용은 경영층을 만족시킬 수 없으며, 이로 인하여 조직 내에서 인적자원개발이 상당한 위기를 맞고 있다. 아울러 경영환경 변화에 따라 교육 관련 부서는 구조조정의 대상이 되며, 인적자원개발 관련 예산은 대폭적으로 삭감된다. 경영층은 학습 후 구성원들이 현업에 얼마나 적용을 했으며, 그 결과로 경영성과에 얼마나 기여했는지를 보고서에 나타나도록 하는 것을 원하고 있다. 또한 경영성과에 대한 비계량적 요소뿐만 아니라 계량적 수치를 요구하고 있는 것으로 나타났다. 즉, 경영층을 설득하고 인적자원개발에 대해 경영층의 지원을 이끌어내기 위해서는 보다 유용한 정보를 생산하고 보고할 수 있는 데이터가 필요하다.

HRD시스템 정보 유용성

개별범주 ▶ 경영층 ▶

　지금 저희가 갖고 있는 시스템에서는 주로 교육 개인이력제공 정도 수준으로 되어 있다고 생각됩니다. 일단 먼저 우리 회사가 나가고자 하는 방향에 있어서 그런 비전과 목표를 달성하는 데 필요한 역량이 무엇이고, 그런 역량에 비춰봤을 때 현재 직원들의 수준이 각 분야별로 역량이 어느 정도 수준인지, 어떻게 그런 부분들을 목표에 근접하도록 이끌어 갈 수 있을지 그런 과정, 노력들이 필요하다고 생각합니다. **(A사 경영층)**

　HRD시스템 부분은 아직 좀 취약한 것 같습니다. 실제로 HRD시스템을 통해서 우리 기업의 어떤 전문적인 역량이 어떤 수준이다 이런 게 나와야 되는데 사실 그런 게 아직 안 나와 있고, 경영층이 봤을 때는 딱 마음에 드는 수준은 아닌 것 같습니다. 저희 기업에서도 지금 e-HRD시스템 구축을 하고 있는데 아마 그것이 구축되고 나면 회사에서 필요로 하는 정보들이 많이 나올 것 같습니다. 예를 들어서 토목 분야에서 지반 쪽 전문가는 우리의 역량은 어느 수준이고 또 아주 최고급 인력은 몇 명이고, 이런 부분들이 아마 정확하게 나올 것 같습니다. 지금 HRD시스템을 구축하고 있는데, 그것이 구축되면 유용한 데이터들이 나오지 않을까 생각하고 있습니다. **(B사 경영층)**

　인터뷰 결과 1개 기관을 제외하고는 아직도 HRD시스템이 개인별 교육이력관리 정도에 머물고 있는 것으로 나타났다. 특별히 HRD시스템이 경영층에게 유용한 정보를 제공하고 경영의 전략적 파트너가 되기 위해서는 역량 수준, 경영성과 기여도 등 다양하고 유용한 정보를 제공해주고, 아울러 교육과 인사가 연계되어 시너지 효과를 발휘할 수 있는 데이터가 필요한 것으로 기대하고 있었다.

기업 내에서 정보시스템의 역할은 해를 거듭할 때마다 그 중요성이 커지고 있다. 정보시스템은 정보를 유용하게 가공한다는 의미 외에, 유용한 정보를 최적화한다는 데 있다. 최적화는 기존에 주어진 정보의 적절한 배치와 조합에 의한 취사선택에 의하여 이루어지는 것이기 때문이다. 이것은 정보의 재창조를 의미하고, 우리는 이런 재창조의 활동을 정보화라고 규정할 수 있다. 최적화의 지향점은 효율 극대화를 의미하고, 효율은 투입과 산출의 대비인 생산성을 말하고, 이는 모든 분야에 동등하게 적용되어진다. 최적화되지 않은 정보는 기업의 각 부문활동을 교란시키고, 기업의 존립을 위협하게 된다.

HRD시스템도 같은 맥락을 지향하고 있다. 내부 이해관계자들에게 얼마나 필요로 하는 유용한 정보를 생산하고 제공하느냐에 따라서 HRD시스템의 가치가 결정되기 때문이다. HRD시스템은 교육운영 및 관리에 초점을 두기보다는 전략적 인적자원개발에 중점을 두어야 한다. 아울러 전략적 인적자원개발을 구현해 내기 위한 전략적 의사결정 데이터를 충분히 제시해 주어야 한다. 이를 위해서는 조직 내 이해관계자들의 다양한 기대사항을 우선 반영해야 하며, 이를 위해 인적자원개발 부서에서는 많은 고민과 노력이 필요하다.

부하직원들의 역량개발에 대한 역할 수행

개별범주 ▶ 관리자 ▶

　제가 지금 관리자가 아니고 직원이었을 때도 마찬가지였습니다. 교육이라는 것은 하나의 좀 거추장스러운 것, 좀 불편한 것 등 관리자들이 그렇게 많이 생각합니다. 그래서 아마 우리 직원들 중에 교육을 간다고 떳떳하게, 당당하게 이야기하고 교육갈 수 있는 사람은 아마 거의 없습니다. 관리자들이 생각하는 교육 자체도 '아! 저 사람이 교육을 제대로 받아서 우리 부서에 어느 정도 역할을 할 수 있겠구나' 하는 생각을 안 하니까 말이죠. 그리고 현재 업무가 바쁜데 교육이나 갈 그런 여유 있는 시간이 있단 말이야? 이런 풍조가 많기 때문에 사실은 관리자들 입장에서는 부하직원이 교육을 간다고 했을 때 교육을 잘 받고 전파교육을 잘 시키고 잘 갔다 왔느냐, 이런 부분들은 사실 거의 전무하다고 봐야겠죠. 교육에 대한 가치를 관리자나 직원이 서로 못 느낍니다.

(A사 관리자)

　측정하는 게 없으니까…. 그냥 교육을 가면 가고, 오면 오고. 교육 후 피드백에 대해서는 거의 없고…. 예를 들어서 리더십 교육을 받았다. 그러면 교육 다녀와서 상사의 평가라든지 그런 게 있어야 되는데, 그런 게 없다보니까 그냥 따로따로인 것 같아요.

(B사 관리자)

　인터뷰 결과 전반적으로 관리자의 역할을 제대로 수행하지 못하고 있는 것으로 나타났다. 주된 이유는 관리자들뿐만 아니라 직원들도 관리자의 역할과 중요성을 인식하지 못하고 있다고 말하고 있으며, 구체적으로 관리자가 무엇을 해야 하는지, 어떻게 해야 하는지에 대하여 모르고 있다고 말하고 있다. 아울러 이를 실행할 제도, 인프라 구축이 필요하다고 말하고 있으며, 일부 관리자의 역할을 수행하고자 하는 기관도 관리자가 좀 더 역할을 수행할 수 있는 고도화된 시스템이 필요하다고 말하고 있다.

조직의 성장과 발전을 가져오는 것은 관리자이며, 그 존재를 위태롭게 하는 것도 관리자이며, 나아가 조직의 향방을 결정하는 것도 관리자라고 할 수 있다. 그런데 관리자의 역할은 진정 자기 혼자의 힘으로 업무달성을 도모하는 것이 아니라 직원들이 업무달성에 전념할 수 있도록 조건을 구비하고 그의 능력과 의욕을 끌어내어 직원들로 하여금 업무달성을 시킴으로써 조직에게 주어진 목적을 실현시켜 나가는 데 있다고 볼 수 있다. 관리자들이 수행해야 할 핵심 역할은 부하직원들에게 다양한 훈련과 학습 기회를 제공하여 능력을 개발하도록 도와주어야 한다. 즉, 인재육성가나 개발자로서의 리더 역할이 요구된다. 이 과정에서 관리자가 우선적으로 배려해야 할 사항은 직원들에게 새로운 스킬이나 지식을 쌓을 수 있는 도전적인 업무수행 기회를 부여하는 것이다. 즉, 일을 통한 학습이 이루어지도록 해야 한다. 아울러 구성원의 실력배양을 위해서는 부하직원에 대한 피드백과 코치 활동도 매우 중요하다. 일류 기업들의 경우, 중요한 특징 중의 하나가 부하직원에 대한 피드백과 조언 등 육성 활동에 관리자가 많은 시간을 투자한다는 것이다.

인적자원개발에 필요한 HRD시스템

개별범주 ▶ HRD 담당자 ▶

단골손님들의 생생한 스토리

일단 HRD시스템을 개발하면 저희가 활용할 분야는 굉장히 많다고 생각합니다. 방금 말씀드렸지만 경력개발을 제대로 해 가지고 직원들이 적재적소에 배치되었으면 좋겠습니다. 그리고 이제 직원들의 니즈도 중요하고 또한 조직의 니즈에 맞는 조화가 이루어지는 그런 교육과정도 개발해 꼭 맞춤식 교육을 시켜주고, 관리자들이 역할을 최대로 발휘할 수 있고 직원들도 이 교육을 꼭 해야 되게끔 하는 그런 시스템을 좀 개발했으면 좋겠습니다. 그리고 교육을 통해서 수집되는 데이터를 가지고 경영층에 아주 유용한 정보를 제공하고, 직원의 역량 수준을 제공해서 향후 승진이나 전보에도 활용할 수 있고, 필요하고 우수한 인력을 활용할 수 있게끔 다양한 가능성이 있다고 생각합니다. 이러한 시스템이 개발된다면 신뢰성이 굉장히 높고 효과성이 굉장히 높아질 거라고 생각합니다. **(A사 HRD 담당자)**

객관화된 역량 수준 데이터. 그리고 교육 후 교육성과를 측정할 수 있다면 좋겠습니다. 또한 인사부서에 유용한 정보를 제공해 줄 수 있는 시스템이 있었으면 좋겠습니다. **(B사 HRD 담당자)**

인터뷰 결과 HRD 담당자들은 맞춤식 교육과정을 제공하고, 교육을 통해서 수집되는 데이터를 경영층에 유용한 정보 제공에 대하여 관심이 많다고 말하고 있으며, 직원의 객관적 역량 수준을 인사부서에 제공하여 향후 승진이나 전보에 활용하고, 우수한 인력을 인사와 연계하여 활용할 수 있는 시스템을 원하고 있었다. 아울러 직원들이 학습 후 현업 적용을 효율적으로 실천할 수 있고, 학습이 경영성과 기여도를 증명할 수 있는 교육성과 측정시스템, 조직과 구성원들의 역량개발 니즈를 파악할 수 있는 부분에 대하여 관심을 가지고 있는 것으로 나타났다.

HRD시스템에 대해 HRD 담당자들이 기대사항을 정확히 인지하기 위해서는 먼저 그들의 역할이 무엇인지를 알고 있어야 한다. HRD 담당자 자신이 기존의 전통적인 교육 담당자 역할에서 벗어나 경영과 HR을 통틀어 조직구성원의 수행 향상을 지도·조언하는 컨설턴트의 역할로 변신이 필요하다고 본다. 또한 기존에 수행하던 역할들은 그 수준에 있어 더욱 완벽하고 전문적이어야 한다. 왜냐하면 앞으로는 HRD 분야에만 국한된 지식과 노하우(know-how)만으로는 경영전략과 연계한 성과를 창출할 수 없기 때문이다.

또한 HRD 담당자들은 기본적인 역할을 바탕으로 평가자, 매체전문가, 전략가 등의 역할에 집중해야 할 필요성이 있다. 그 이유는 개발된 프로그램의 정확한 효과 측정과 평가를 교육수행 전 단계에 정확히 피드백하고, HRD시스템을 통해 교육효율성 제고를 도모하며, 경영전략과 연계하여 HRD를 전략적으로 수행할 수 있는 역할 등이 더욱 비중 있게 요구될 것이기 때문이다. 아울러 HRD 담당자들은 향후 비즈니스와 관련된 역량들을 전문적으로 육성·개발해야 한다.

인적자원개발 산출물에 대한 HRM 활용

개별범주 ▶ 인사 담당자 ▶

HRD 부서에서 넘어오는 데이터는 단순히 인사고과에 반영하는 수준입니다. 솔직히 말씀드리면 직원역량 수준을 객관적으로 평가할 수 있는 유용한 데이터가 없습니다. 이러한 이유로 저희 인사 담당자들도 애로가 많습니다. 승진, 전보 등에 활용할 객관적인 자료가 없다 보니, 주관적으로 흐를 수밖에 없어요. 이에 대한 근본대책을 마련하지 못하면 교육도, 인사도 신뢰를 잃게 될 것 같습니다. **(A사 인사 담당자)**

HRD뿐만 아니라 HRM과 어쩔 수 없이 밀접한 관련을 가지고 가야 될 부분이거든요. 기본적으로 인사쪽 보직이나 승진 관련 데이터뿐만 아니라 교육적인 정보도 개인이나 조직의 정보로서 엄청나게 유용한 효과를 가지고 있다는 생각이 듭니다. 그것을 근시안적으로 나열하는 이력이 아니라 교육적인 결과가 어떻게 피드백이 돼서, 어떤 성과를 내고 있다는 것까지 활성화돼서 하나의 인사 정보를 끌어 올 수 있는 단계까지 와야 된다고 생각하거든요. 그래서 그게 더, 나아가서 개량화 요소로서 잡힌, 그런 정도로 발전되는 수준이 필요하다고 생각합니다. **(B사 인사 담당자)**

인터뷰 결과 대부분의 인사 담당자들은 HRD시스템에서 생산되는 데이터는 인사 승진에 활용하기 위한 인사 고과점수 반영에 활용한다고 말하고 있으며, 전보, 배치, 경력개발 등에는 활용하지 않는 것으로 나타났다. 아울러 인사고과 반영 점수도 형식적인 요건에 불과하다고 말하는 것으로 보아 현행 HRD시스템에서 제공하는 데이터는 극히 일부에 한하여 활용되고 있는 것으로 보인다. 또한 그들은 교육과 인사가 정합성을 가지고 한 방향으로 가기 위해서는 좀 더 객관화된 역량정보 데이터가 필수적이라고 말하고 있다.

인적자원개발과 관련하여 인사 담당자들의 파워는 조직 내에서 절대적인 영향을 미치고 있다고 볼 수 있다. 기존의 인사 담당자는 채용, 개발, 보상, 유지, 직무관리 등 일상적인 인사운영에 필요한 역할을 수행해 왔지만, 전략적 사고와 사업의 맥을 읽을 줄 아는 전문성이 요구되고 있다. 인사 담당자는 기업의 비전과 전략을 수행할 수 있는 인재를 적시에 제공함으로써 인재의 지식과 창의력을 통한 기업경쟁력 강화에 기여하여야 한다. 이를 위해서는 인사기능에 대한 충분한 지식뿐만 아니라 기업의 사업방향에 대한 지식과 통찰이 있어야 한다. 왜냐하면 기업이 앞으로 언제, 어떠한 사업 및 전략으로 나아갈지에 대한 이해를 통해서 필요한 인적자원의 양과 질을 예측할 수 있기 때문이다. 아울러 조직 내에서 구성원들의 역량개발을 위해 객관적이고 합리적인 인사제도 구축을 마련하여야 한다. HRD 담당부서 등 내부 이해관계자들이 아무리 역량개발에 대하여 노력을 하더라도 인사부문에서 이를 제대로 활용하지 못한다면, 구성원들의 자기주도적인 학습을 통해 경영성과에 기여하는 일은 요원하기 때문이다.

역량개발을 위한 상사와의 면담,
코칭 등 활용 정도

개별범주 ▶ 직원 ▶

특별히 제도적으로 관리자가 상담이나 코칭을 해주는 것은 거의 드물다고 봅니다. 조직 분위기도 그렇고, 저도 문제지만 관리자들이 부하 육성에 대한 관심이 없습니다.

(A사 직원)

관리자가 제도적으로 특별히 해야만 하는 의무도 없고, 관심도 없습니다. 또한 제도나 인프라도 갖추어지지 않았고, 아울러 관리자들이 본인들의 역할이 무엇인지도 잘 모르고 있는 것 같습니다. 좋은 게 좋은 거라고 서로 터치(Touch)하는 것을 싫어하죠.

(B사 직원)

면담이나 코칭이라는 것을 관리자분들도 잘 모르시는 것 같습니다. 저도 특별히 관리자분들에게 면담이나 코칭을 받아야 한다는 생각도 별로 없는 것 같아요. 각자 따로 따로 가는 거죠. **(C사 직원)**

인터뷰 결과 전반적으로 직원들은 역량개발을 위해 상사와의 면담, 코칭 등은 활발하지 않다고 말하고 있는데, 주된 이유로는 관리자들의 관심이 부족하고, 제도나 인프라가 부족하다는 것이다. 이와 함께 직원들도 조직 분위기상 면담, 코칭에 대한 생각이 별로 없다고 말하고 있다.

직원들은 인적자원개발에 대한 역할에서 제한된 인식을 갖는 경향이 있다. 조직 내에서 인적자원개발에 대해 투자를 하는 목적은 구성원들이 학습에서 배운 내용을 현업에서 활용하여 경영성과에 기여하여야 한다는 전제를 가지고 있으나, 대부분의 직원들은 조직의 니즈보다는 개인의 니즈에 초점을 맞추고 있다. 물론 가장 이상적인 방향은 조직 니즈와 개인 니즈가 부합하는 것인데 현실적으로 이를 실행하기에는 많은 어려움이 있다. 조직 내에서 직원들의 역량개발을 위해서는 관리자들과의 상호작용이 필수적인 요소인데, 관리자들이 부하 육성에 소극적인 모습을 견지한다고 하여 직원들도 같은 태도를 보인다면, 역량개발은 매우 어려운 상황으로 가게 된다. 직원들은 조직 내에서 역량개발을 위해 좀 더 적극적이고 능동적인 자세가 필요하다. 왜냐하면 결국 개인 능력 향상의 결과는 개인에게 보답으로 돌아오기 때문이다.

단골손님들의 심층인터뷰 요약

심층인터뷰를 통해서 나타난 HRD 내부 이해관계자들의 기대사항과 역할, 인적자원개발에 대한 경영성과 기여도, 학습 후 현업 적용 실천도, HRD와 HRM의 관계, e-HRD시스템 현황 분석 결과는 다음의 〈표 2-2〉와 같다.

〈표 2-2〉 HRD 내부 이해관계자별 인터뷰 질문지 항목

범주	주요 내용	경영층	관리자	HRD 담당자	인사 담당자	직원
HRD 주요 가치 및 기대사항	• 기업의 생존에 필수	○	○	○	○	
	• 경영성과에 기여	○	○	○	○	○
	• 조직 활성화	○	○	○		
	• 경영의 전략적 파트너 역할	○		○	○	
	• 인재가 경영의 주체	○				
	• 미래성장에 경쟁력 확보	○	○			
	• 평생직업 보장		○	○		
	• 조직 내 문제점 해결			○		
	• 조직 핵심가치			○		
	• 수요자 맞춤형 교육과정 제공				○	○
	• 교육의 기회균등				○	○
	• 직원들의 가치태도 변화				○	
	• 교육 후 인사에 공정한 반영					○
	• 개인의 능력개발					○
이해 관계자별 역할 및 수행 정도	• 지속적인 관심과 예산 투자	○				
	• 학습문화 조성	○				
	• 조직의 가치와 인재상 정립	○				
	• HRD를 전략적 파트너로	○				
	• 부하 육성 및 책임감		○			
	• 동기부여와 비전 제시		○			
	• 역량개발 관여 및 지도		○			
	• 현업활용 체크 및 피드백		○			
	• 교육과 업무 노하우 전수		○			
	• 경영성과 기여도 제시			○		
	• 경영전략과 연계한 교육			○		
	• 관리자 역할 인프라 구축			○		

범주	주요 내용	경영층	관리자	HRD 담당자	인사 담당자	직원
이해 관계자별 역할 및 수행 정도	• 컨설턴트 역할 수행			○		
	• 조직의 학습문화 정착			○		
	• 이해관계자 기대사항 반영			○		
	• 동기부여를 위한 교육제도 강화			○		
	• 유용한 데이터 생산 및 활용			○		
	• 교육 기회의 공평성			○		
	• 교육 후 인사연계 강화				○	
	• 능력에 따른 적재적소 인재배치				○	
	• HRD와 HRM 연계강화				○	
	• 경력개발에 대한 로드맵 제시				○	
	• 관리보다는 지원역할				○	
	• HRD 산출물 인사에 활용				○	
	• 학습 후 현업 적용 필요					○
	• 조직목표와 연계하여 능력개발					○
	• 자기 능력개발 강화					○
	• 역량개발에 대한 마인드 전환					○
	• 전반적으로 부족	○	○	○	○	○
이해 관계자별 역할 부족 사유	• 각 이해관계자별 역할 인식 부족	○	○	○	○	○
	• 교육에 대한 관심 부족	○	○	○	○	○
	• 제도 및 인프라 부족	○	○	○	○	
	• 교육과 업무의 분리		○			○
	• 교육의 단기적인 효과 기대	○				
	• HRD 공감대 부족	○	○	○	○	○
	• 이해관계자 기대, 역할 반영 미흡			○		
	• 인사와 교육의 연계성 부족				○	
	• 경영층의 단기적인 성과 기대	○				
	• 인사부서의 HRD 중요성 인식 부족				○	
	• 직원은 자기개발에 치중					○
	• HRD 전문성 부족			○		
	• 교육에 대한 공통분모 부족	○	○	○	○	○
	• 교육 목표가 불투명			○		
	• 교육 결과의 신뢰성 부족			○		
	• 관리자들의 교육 지원 부족		○			
	• 직원의 현업실천도 부족					○
	• 교육을 투자보다는 비용 인식	○	○		○	○
경영성과 기여도 및 낮은 사유	• 비용 대비 효과는 부족	○	○	○	○	○
	• 체계적인 관리 부족	○	○	○	○	○
	• 구체적인 성과목표 및 역할 부족	○	○		○	○
	• 교육과 경영의 분리	○	○		○	○

범주	주요 내용	경영층	관리자	HRD 담당자	인사 담당자	직원
경영성과 기여도 및 낮은 사유	• 성과에 대한 실체 부족		○	○		
	• 성과측정 인프라 부족		○	○	○	○
	• 성과측정 제도 부족		○	○	○	○
	• 교육성과 신뢰 부족	○	○		○	○
	• 교육성과 데이터 제공 부족	○	○		○	○
	• 교육과 인사의 연계 부족		○	○		
	• 직원 현업 적용 및 실천 부족	○	○			○
학습 후 현업 적용 실천도 및 부족 사유	• 대부분 실천 부족	○	○	○	○	○
	• 제도, 인프라가 부족	○	○	○	○	○
	• 자발성과 능동성 부족	○	○	○	○	○
	• 현업업무 과중		○			○
	• 실천 안 해도 불이익 없음		○			○
인적자원 개발의 인사활용도 및 낮은 사유	• 전반적으로 부족	○	○	○	○	○
	• 형식적인 인사고과 반영		○	○		○
	• 교육과 인사의 연계성 부족		○	○		○
	• 개인별 능력 수준 객관성 부족		○		○	○
	• 인사에 활용할 데이터 부족		○	○	○	
HRD시스템 기여도 및 낮은 사유	• 전반적으로 낮음	○	○	○	○	○
	• 유용하게 활용할 데이터 부족	○	○		○	○
	• 활용할 제도 미흡	○	○	○	○	○
	• 데이터 신뢰성 부족	○	○	○	○	○
	• 개인별 다양한 정보 데이터 부족	○	○	○	○	○
향후 HRD 시스템 기대사항	• 개인, 조직 역량 수준	○	○	○	○	○
	• 경력개발 지원시스템		○	○		○
	• 맞춤식 교육과정 제공		○	○	○	
	• 경영성과 기여도 데이터 제공	○	○	○	○	○
	• 교육과 인사연계시스템		○	○		
	• 객관화된 역량정보	○	○	○	○	○
	• 현업 적용 및 실천시스템			○	○	
	• 교육성과 측정시스템			○		
	• 교육니즈 조사시스템			○		
	• 면담, 코칭시스템					○
	• 학습 진행 현황 파악시스템	○		○		

여러분들은 HRD 단골손님인 이해관계자의 인터뷰 내용을 보고 어떤 느낌이 들었습니까?

HRD 활동에 영향을 미치고, 영향을 받는 단골손님의 기대사항과 역할을 제대로 이해하지 못하면서 HRD 담당자들이 HRD를 잘해보겠다고 말하는 것은 어쩌면 난센스일지도 모른다. 아직도 HRD가 조직 내에서 자리를 잡지 못하고 주변을 맴도는 이유가 여기에 있다. HRD 이해관계자의 기대사항과 역할을 이해하는 것은 조직 내 전략적 HRD 운영을 위해서는 필수 불가결한 요소가 되는 것을 발견할 수 있다. 또한 HRD 내부 이해관계자들은 다양한 가치와 기대사항을 가지고 있으며, 그것은 HRD의 성공요소에 결정적인 변수로 작용한다는 것을 알 수 있다. 따라서 조직 내 HRD 담당자들은 다양한 이해관계자들을 HRD 운영에 참여시킬 방법을 찾아야 하며, 각 이해관계자들의 기대사항들을 적절히 조정, 절충하는 능력이 필요하다.

HRD 단골손님 중
가장 골치 아픈 사람은 누구인가?

멘델로우(Mendelow, 1991)가 제시한 HRD 내부 이해관계자 그룹의 파워, 예측 가능성 그리고 관심도를 평가하면 HRD 단골손님 중 누가 가장 골치 아픈 사람인가를 파악할 수 있으며, 어떻게 그들을 HRD 활동에 집중적으로 참여시켜야 되는지를 알 수 있다. 다음 〈표 2-3〉은 내부 이해관계자들에 대한 파워 / 예측 가능성 / 관심도 구조를 보여주고 있는데, 그들의 파워 소유 및 정도에 따라 관리되고 있는 HRD 기능 전략 방법에 대한 관심도를 나타내고 있다.

〈표 2-3〉 HRD 기능에 대한 내부 이해관계자 파워 / 예측 가능성 / 관심도 매트릭스

		예측 가능성		관심도	
		높음	낮음	높음	낮음
파워	낮음	A 거의 문제없음 **직원**	B 예측불가능 하지만 관리가능	E 최소한도의 노력	F 거의 문제없음 **직원**
	높음	C 파워는 있으나 예측 가능 **인사 담당자** **경영층**	D 가장 위험하나 기회 상존 **관리자**	G 만족만 유지 **경영층** **인사 담당자**	H 주요 역할자 **관리자**

도표에서 나타난 바와 같이, 가장 다루기 힘든 그룹은 D분면에 위치하고 있는 관리자들이다. 왜냐하면 그들은 HRD 전략을 지지하거나 방해하는 데 매우 힘 있는 위치에 있기 때문이다. 그들의 위치는 종종 예측하기 어렵다. 또한 C분면에 위치하고 있는 경영층, 인사 담당자들도 HRD 전략에 영향을 미친다. 그들의

참여를 이끌어내고 기대사항들을 수렴하는 것은 HRD 기능에 있어 매우 중요하다. A분면에 위치하고 있는 직원들은 파워면에서 덜 중요하다. 그러나 이것은 그들이 중요하지 않다는 것을 의미하지는 않는다. 직원들의 적극적인 지지는 관리자들의 태도에 중요한 영향력을 미칠 수 있기 때문이다.

H분면에 위치하고 있는 주요 역할자인 관리자들에게 HRD 전략들을 받아들이도록 하는 것이 필요하다. 이것은 새로운 HRD 전략의 공식화 단계에서 참여를 이끌어 내기 위해서는 몇 가지 기법이 요구될 것이다. 또 다른 어려운 이해관계자들은 G분면에 위치하고 있는 그룹이다. 그들은 비교적 HRD에 대하여 수동적인 태도를 견지한다. 하지만 이해관계자들은 종종 특별한 사건의 결과로 HRD 전략에 영향을 미치기 때문에 그들도 중요하다. 또한 그들은 H분면으로 이동하기도 하고 HRD 전략실행에 주요 방해자로 행동을 하기 때문이다. 경영층과 인사 담당자들도 관리자들의 태도에 영향을 미치고 동조하게 만드는 데 중요한 역할을 감당한다.

HRD 단골손님 중 가장 골치 아픈 사람은 일선 관리자다. 일선 관리자를 HRD 활동에 참여시켜 역할을 제대로 수행할 수 있도록 HRD 담당자들은 고민하고 노력해야 한다.

HRD 단골손님을 어떻게 관리할 것인가?

가라반(Garavan, 1993)은 HRD 이해관계자 관리에 대한 2가지 모델을 제시했다. 2가지 모델은 HRD 담당자들이 이해관계자들의 다양한 우선순위에 대처하는 방법과 다른 이해관계자들의 갈등을 해결하기 위해 HRD 담당자들의 전략을 구체화하고 실행활동을 구조화하는 방법에 관하여 설명하고 있다.

1) HRD 관리의 단일 통치 모델

이 모델은 HRD 기능 관리에 있어 궁극적인 권리와 권한은 HRD 담당자에게 있다는 믿음에 기초를 두고 있다.

아래 〈그림 2-1〉은 HRD 담당자와 이해관계자 사이의 관계를 나타내고 있다.

〈그림 2-1〉 HRD 이해관계자 관리의 단일 통치 모델

HRD 기능의 주요 특징은 이해관계자 관리의 단일 통치 모델 사용으로 충분하다는 생각이다. 그 기능은 현존하고 있는 가치와 시스템을 강화할 목적으로

HRD 규정을 유지하는 철학을 토대로 하고 있다. HRD 관리의 단일 통치 모델은 학습을 일회성 이벤트와 전략을 단기간의 유행으로 가져가는 경향이 있다. 훈련에 대한 소유권, 통제 그리고 개발은 HRD 담당자의 몫이며, 훈련에 대한 제공자와 행정가의 역할만 수행하는 경향이 있다. 또한 조직에서 HRD 활동들은 우선순위에서 밀려나고 경영환경 악화시 구조조정 1순위 대상이 된다. HRD 결정들은 명확한 비즈니스 니즈에 근거하지 않고 HRD 활동들은 비즈니스 목적에 공헌하지 못한다. 또한 훈련생을 수단으로 생각하고 훈련방법도 강의식으로 일관하며, 가끔 경험 있는 훈련자를 사용한다.

HRD 니즈를 반영하는 프로세스는 현재 유행하거나 HRD 담당자 또는 관리자가 쉽게 접할 수 있고, 중요도가 불분명한 주제들을 채택한다. 프로그램에 대한 평가는 '반응도' 설문을 주로 사용한다. 또한 HRD는 근본적으로 비용이라는 시각으로 접근하고 있으며, 훈련 프로그램에 대한 시간과 일정에 대하여도 일방적으로 결정하는 경향이 있다. 아울러 특별 프로그램도 다양한 이해관계자의 니즈에 기반을 두지 않고 HRD 담당자의 인식에 좌우되고 있다.

2) HRD 관리의 조타수 모델

이 모델의 본질은 HRD 기능 관리에 있어 권리와 권한이 많은 개인과 그룹 사이에 배분되어 있고, 각 이해관계자는 HRD 기능에 많은 관심을 보이고 있다. HRD 담당자들은 주요 HRD 문제에 대하여 타협을 하거나 주요 이해관계자들에게 권한을 부여하고 상호간 협력을 통해서 다양한 관심사들에 대하여 균형 있는 해결점을 모색하려는 조타수 역할을 하려고 한다. 또한 HRD 담당자들은 다양한 압력과 요구에 대하여 거친 파도를 헤쳐 나가는 심정으로 HRD 기능을 안내하는 조타수 역할로 인식하고 있다.

〈그림 2-2〉는 조타수 모델을 나타내고 있다.

이해관계자 관리의 조타수 모델에 있어 HRD 기능은 그들이 이용할 수 있는 모든 전략에 있어 비즈니스를 기초로 하는 것에 주안점을 두고 있다. HRD 중재

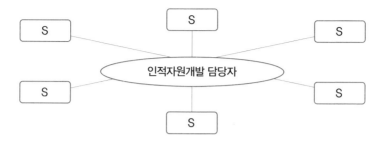

〈그림 2-2〉 HRD 이해관계자 관리의 조타수 모델

는 현재 비즈니스 목적 달성을 방해하는 스킬과 지식 부족일 경우와 미래에 부족이 예상되는 경우에 한하여 단지 처방전이 이루어진다. HRD 기능은 학습을 포괄적인 HRD 활동을 위한 지속적인 활동이라는 관점을 견지한다. 로체와 탄시(Roche and Tansey, 1992)는 포괄적인 훈련에 대한 중재는 많은 상황과 배경에 적용될 수 있으며, 중재는 조직에 지대한 공헌을 한다고 정의하고 있다. 그러한 전략들은 팀과 조직프로세스를 강조하고, 개인의 니즈, 융통성 그리고 상호가변성에 초점을 두고 있다. 또한 HRD 기능은 높은 구심점을 가지고 있으며, 조직의 환경과 전략니즈를 반영한 주요한 가치와 시스템을 지속적으로 담보하는 문화적 가치를 가지고 있다. 아울러 HRD를 장기적인 투자 관점으로 생각하고 있으며, 각 훈련과 개발 전략은 대규모 투자가 이루어지기 전에 이미 학습 시간과 결과를 예측할 수 있다.

조타수 모델에서는 HRD 담당자들의 역할을 학습 퍼실리테이터(Facilitator), 주요 이해관계자에 대한 조언자 그리고 변화 주도자로 생각하고 있다. 또한 일대일 학습 상황, 자기계발, 자기평가에 주안점을 두고 있으며, 학습 프로세스에 대하여 더욱더 혁신적이고 유기체적인 접근 방법을 견지하는 철학을 가지고 있다. 학습계약은 개인 학습자의 참여를 통한 높은 수준의 다양한 측면을 고려하는 관점을 가지고 있으며, 또한 HRD 담당자들은 이해관계자들과 학습에 대하여 공유하기 때문에 학습에 대한 소유 및 통제에 대한 문제는 거의 없다.

HRD 맥락에서 2가지 이해관계자 모델 간 비교를 해보면 〈표 2-4〉와 같다. 비교표를 보면 많은 HRD 담당자들은 조타수 모델이 전략적으로 HRD 기능에 초점을 둔 가장 적절한 모델임에도 불구하고, 많은 HRD 담당자들은 전략결정시 조타수 모델을 무시한다. 그와 같은 결정들은 대부분 실수를 유도하게 만들고, 또한 자주 HRD 담당자들이 해결해야만 하는 새로운 압력과 갈등을 만들어 내고 있다.

〈표 2-4〉 HRD 이해관계자 단일 통치 및 조타수 모델 비교

구분	단일 통치 모델	조타수 모델
계획 포커스	현재 발생하는 문제에 반응	예방. 잠재적인 문제를 확인, 대처 계획 수립
조직목표와의 관계	관련이 적음. 훈련은 주로 임시방편적 성격	강한 관련성. 훈련은 전략적으로 추진
훈련/개발 니즈 규명	유행에 근거한 선택	비즈니스 니즈 분석 및 성과 갭을 토대로 선택
학습의 관점	일회성 이벤트	지속적인 조직 활동
훈련과 개발 가치 기반	현재의 가치와 시스템을 유지하는 데 기반	가치와 시스템의 변화를 가속화
기능의 구심점	낮은 구심점. 비즈니스 목표 달성과 관련이 적음	높은 구심점. 비즈니스 목적 달성을 위한 전략적 지렛대
훈련과 개발 비용 관점	비용	투자
훈련/개발에 대한 소유권 및 통제	조직 내 HRD 기능에 달려 있음	소유권은 관리자와 직원, HRD 담당자는 일관성을 보장하는 데 헌신
훈련/개발 담당자 역할	공급자, 행정가 역할	변화 주도자, HRD 활동 관리자, 이해관계자 조언자
훈련/개발 니즈 우선순위	현실과 동떨어진 조직 니즈	조직과 개인 니즈. 조직 니즈를 토대로 개인 니즈 인식
훈련/개발 이용 모델	기계적인 시스템 모델	혁신적인 학습방법을 사용하는 실험적 모델. 유연성, 유기체적 접근
지배적인 훈련자 철학	도구주의자. 높은 수준의 통제 활동	실존주의자. 자기계발과 자기평가에 대해 일대일 학습 강조

구분	단일 통치 모델	조타수 모델
학습계약의 본성과 스타일	일방주의. 참여자 소수	다양한 관계주의. 이해관계자 참여
훈련/개발 기능의 관리	비용, 학습시간, 결과가 불투명	비용, 학습시간, 결과가 명확
학습의 이동성	특별한 훈련만 강조, 전이 부족	포괄적으로 학습 강조. 많은 상황과 환경에 적용
훈련/개발 중재	중재는 주로 개인성과 수준에 국한	개인, 팀, 조직성과 결핍에 포커스
훈련/개발활동에 내재하는 업무 관습	명확히 규정된 직무역할에 경계 설정	직무역할, 직무의 상호 호환성에 유연성 강조
HRD 기능 범주 평가	양적인 면에 치중, 훈련인원과 일수 제한	ROI, 비용 이익에 초점을 두고 양적, 질적 동시추진
이해관계자에 대한 태도	고립과 회피	협력과 타협

HRD 이해관계자별 역할 수준 성숙도 진단

여러분의 조직을 생각하시면서 이해관계자별 역할 수준에 대한 성숙도를 한 번 점검해 보십시오.

1) 경영층 역할

역할	성숙도		
	상	중	하
지속적인 관심과 예산 투자			
학습문화 조성			
HRD를 전략적 파트너로 인식			

2) 관리자 역할

역할	성숙도		
	상	중	하
부하 육성 및 책임감			
학습문화 조성			
동기부여 및 비전 제시			
역량개발 관여 및 지도			
부하직원 학습 후 현업활용 체크 및 피드백			

3) HRD 담당자 역할

역할	성숙도		
	상	중	하
경영성과 기여도 제시			
경영전략과 HRD의 연계성			
이해관계자 기대사항 반영 및 역할수행 인프라 제공			
HRD와 HRM의 연계성			
학습문화 정착을 위한 교육제도			
HRD시스템 유용성(역량 진단-현업 적용-성과측정)			
역량별 맞춤형 교육과정 제공			
경력개발에 대한 교육로드맵 제공			
컨설턴트 역할 수행			

4) 인사 담당자 역할

역할	성숙도		
	상	중	하
HRD와 HRM의 연계성			
경력개발제도 및 로드맵 제공			
이해관계자 기대사항 반영			
적재적소 인재배치(직무 Position별 자격 요건화)			
학습문화 정착을 위한 인사제도			
핵심인력 육성체계 제공			

5) 직원 역할

역할	성숙도		
	상	중	하
자기계발 책임성			
본인 역량 수준에 따른 교육과정 선택 및 수강			
조직목표와 연계한 능력개발			
학습 후 현업 적용 실천 노력			

이해관계자별 역할 수준 종합 분석

이해관계자별 역할 수준 성숙도 진단을 통해 나타난 여러분 조직에 대하여
SWOT(Strength, Weakness, Opportunity, Threat)분석을 한 번 해보십시오.

강점(S)	약점(W)
기회(O)	위협(T)

HRD는 결혼생활과 같다

기혼자들은 결혼할 때 어떤 마음으로 결혼을 하였습니까?
미혼자들은 결혼에 대해 어떤 기대를 가지고 있습니까?

모든 사람들은 결혼생활에 대해 많은 기대를 가지고 있을 것이다. 남편은 아내에 대한 기대, 아내는 남편에 대한 기대. 서로의 기대사항이 충족되지 못하면 결혼생활은 원만하지 못하게 된다. 아울러 기대사항 못지않게 남편의 역할, 아내의 역할도 충실하게 감당해야 한다. 그렇지 않으면 결혼생활은 유지될 수 없다. 유지되어도 삶의 만족이 보장되지 못하고, 결국 결혼생활에 대한 기대사항과 역할이 무너지면 법정으로 가서 이혼수속을 밟게 된다.

인적자원개발도 결혼생활과 같은 이치라고 말할 수 있다.

인적자원개발에 영향을 미치고, 영향을 받는 내부 이해관계자들의 기대사항을 충족시켜 주지 못하고, 그들이 적절한 역할을 수행하지 않는다면 인적자원개발 활동도 경영의 전략적 파트너가 되지 못하며, 결국 조직 내에서 늘 변방에 머물 것이다.

필자가 한국 HRD협회에서 주관한 '2011년 한국 HRD 대상'에서 HRD 전문가에게 수여하는 HRD 분야 최고의 상인 'HRDer 대상'을 수상하면서 특강을 한바 있다. 특강을 마치자 어느 분이 다가와서 필자에게 명함을 건넸다. 교육기관 컨설팅업체에서 컨설팅과 강의를 담당하는 분이었다. 그분은 필자에게 다음과 같은 말을 했다. "저도 컨설팅기관에서 강의와 컨설팅, 과정개발을 담당하고 있지만, 복잡한 HRD를 이렇게 쉽게 풀어 설명하시는 분은 지금까지 처음 만났습니다. 너무 감사합니다."

HRD는 결혼생활과 같다.

필자가 20년 동안 교육업무를 하면서 발견한 메타포(metaphor)다.
여러분들의 생각은 어떠하십니까?

장 박사의 Check Point ☑

HRD 관점에서 이해관계자는 조직 내에서 전략적 HRD 활동에 영향을 미치고 영향을 받는 자라고 할 수 있다. 이해관계자들의 기대사항과 역할을 모르고 HRD를 논하는 것은 전략 없이 경영을 하는 것과 마찬가지라고 말할 수 있다. HRD 담당자들은 다양한 이해관계자들의 기대사항을 파악하고 이를 HRD 전략에 포함시켜야 하며, 아울러 다양한 기대사항을 절충하는 능력도 필요하다. 또한 이해관계자들이 역할을 인식할 수 있도록 이에 대한 제도적 장치를 마련해야 한다. 기대사항과 역할이 조화롭지 못하면 인적자원개발의 성과는 요원하다.
또한 HRD는 결혼생활과 같다고 말할 수 있다.
서로의 기대사항만 주장하고 역할은 제대로 하지 않는다면, 결혼생활은 유지하기가 힘들어진다. 이와 마찬가지로 HRD 활동도 서로의 기대사항을 충족시켜주고, 각자 맡은 바 역할을 제대로 수행해야 한다. 이것이 공평한 게임이다.

Human Resources Development
know-how

전략적 인적자원개발

조직에서의 전략은 기업의 사업 정체성과 연관이 있다. 즉, 방향성 없이 사업을 하는 것이 아닌 무엇을 위한 사업이고 어떠한 사업을 하는지에 대한 명확한 목적의식을 갖는 것과 연관되어 있다. 또한 전략은 전술과 대비하여 장기적 관점에서 경쟁우위를 지키며 전략적 사고를 바탕으로 기획 수립과 이를 수행하는 것이 깊은 관련이 있다. 즉, 전략은 경쟁에서 이기기 위한 방법이며, 자신의 가용한 모든 능력을 분석하는 것이며, 계획하는 일련의 행위들을 의미한다.

전략과 관련해서는 조직 내 HRD 담당자들에게도 예외는 아니다.

HRD 담당자들에게 조직 내에서 끊임없이 요구되어지는 단어 '경영의 전략적 파트너'란 골치 아픈 수식어가 따라붙는다.

이를 해결하자면 전략적 인적자원개발에 대한 개념과 특성에 대한 기본지식이 필요하다.

그러나 전략적 인적자원개발은 의외로 단순하다.

우선 전략적 인적자원개발에 들어가기 전에 우리 모두에게 다음과 같은 질문을 던져보자.

"우리 HRD 조직이 아무런 전략을 갖지 않고, 지금 이대로 계속해 인적자원개발 활동을 한다면, 5년 후, 10년 후에 우리 HRD 조직은 어디에 있을까? 과연 조직 내에서 경영의 파트너로써 존재하고 있을까?"

아웃소싱 대상?

전략적 인적자원개발은 단순하다

HRD 담당자들에게 조직 내에서 끊임없이 요구되어지는 단어 '경영의 전략적 파트너', '전략적 인적자원개발'이란 골치 아픈 수식어가 따라붙는다.

쉽게 해석하자면 '전략적 인적자원개발'은 인적자원개발에도 경영과 마찬가지로 전략이 필요하다는 것이다. 그렇다면 '전략적 인적자원개발'은 구체적으로 무엇이며, 어떻게 해결해야 하는 것인가?

경영에서 전략실행의 요소는 크게 '누가 실행할 것인가?', '무엇을 실행할 것인가?' 그리고 '어떻게 실행할 것인가?' 하는 3대 요소로 구성되어 있다. 즉, 전략적 인적자원개발을 위해서도 '누가', '무엇을', '어떻게'라는 전략실행 3대 요소만 있으면 된다.

여러분은 '전략적 인적자원개발'에 대한 힌트를 얻었는가?

전략적 인적자원개발도 결과적으로 HRD 단골손님인 이해관계자의 기대사항과 역할 중심으로 이루어진다는 사실을….

전략적 인적자원개발, 생각보다 단순하다.

전략적 인적자원개발 개념

전략적 인적자원개발은 조직 내 학습의 총체적인 통합에 초점이 맞추어진 확장된 개념의 인적자원개발이라 할 수 있다. 이러한 개념은 조직 내 의사결정자가 학습을 바라보는 시각이 '우연'이 아닌 정교한 비즈니스 프로세스로 인식되어야 한다는 것을 전제로 하고 있다. 전략적 인적자원개발의 개념이 충실히 이행되기 위해서는 조직 내 모든 계층에서 인적자원개발의 역할이 분명할 필요가 있다. 조직 내 HRD 내부 이해관계자들의 이익을 위해서 학습이 조직 전반에 걸쳐 뿌리 깊게 정착되도록 하는 일관성을 갖춘 일련의 정책 및 제도들이 전략적 인적자원개발의 아웃풋(output)이 된다.

전략적 인적자원개발은 조직 구성원 및 팀들이 현재 또는 미래에 요구되는 지식, 기술 및 역량들을 습득할 수 있도록 하는 모든 프로세스들을 포함한다. 그런데 모든 전략적 인적자원개발 활동들이 성과 창출을 전제로 하는 것은 아니다. 학습의 전략적 중요성은 조직의 성과 차원을 넘어 구성원들로 하여금 학습을 통하여 보다 고객 지향적이고 팀 중심의 사고 및 행동양식을 갖도록 하며, 창의적이고 전략적 마인드를 갖추는 데 있기 때문이다. 따라서 성공적인 전략적 인적자원개발이란 인적자원의 개발이라는 측면과 학습을 지원하는 프로세스가 조직의 전략적 특성과 결부되어 차별화된 역량으로 나타날 때를 말한다.

전통적인 훈련·개발과 전략적 인적자원개발간의 차이점은 비어와 스펙터(Beer & Spector, 1989)의 연구에서도 볼 수 있는데, 그들은 전략적 인적자원개발을 조직의 전략적 계획이나 문화적 변화와 연계된 적극적이고 시스템 전체적인 개입 활동으로 개념화하였고, 이러한 전략적 인적자원개발은 조직의 특수한 문제에 직면하여 이루어지는 단편적인 반응의 개입이라 할 수 있는 훈련과 개발에 대한 전통적 관점과는 다른 것으로 보았다. 기업의 전반적인 전략과의 통합이 이루어질 때만이 인적자원개발이 전략적이 될 수 있다는 것이다. 따라서 이러한 방식에 의해서 조직이 처한 경쟁적이면서 기술적인 압력에 대한 적절한 대응과 전체 경영성과에 장기적인 영향력을 미칠 수 있는 HRD의 기능이 가능하다고 주장하였다.

훈련 및 개발에 초점이 맞추어진 기존의 인적자원개발이 '전략적' 차원이 되기 위해서는 먼저 훈련 및 개발 활동을 조직목표와 일치시키는 '전략적 결합'의 과정이 필요하다. 전략적 결합이란 인적자원개발과 관련된 모든 활동들이 뚜렷하게 상호 연계되어 있으며, 개인 목표 달성과 조직 목표 달성이라는 두 가지 측면을 동시에 충족시킬 수 있는 개발 과정이 존재함을 말한다. 이러한 전략적 접근 방법은 학습, 훈련 및 개발 활동이 조직 문화와 일치되도록 하는 경영층의 노력과 학습활동의 우선적 책임이 있는 일선 관리자의 역할 확대를 포함한다. 인적자원관리와의 연계 강화를 통하여 훈련 및 개발 활동 참여자에 동기를 부여하고 훈련 및 개발활동의 지속성을 확보함으로써 훈련 및 개발 활동 전반에 걸쳐 높은 수준의 품질을 확보하는 것이 중요하다고 할 수 있다.

두 번째로 전략적 인적자원개발이 갖는 특성은 일선 관리자에게 보다 많은 책임과 역할이 주어지게 된다는 것이다. 일선 관리자는 개인 및 팀의 개발 활동을 통하여 변화를 촉진하는 역할이 주어진다. 이러한 개발 활동은 중요한 기술의 개발, 지식의 습득, 조직의 가치 및 윤리적 기준에 따른 행동 등을 포함하게 된다. 이런 각각의 개발 활동들은 업무 현장에 적용됨으로써 더욱 강화되어진다. 부하직원에 대한 개발 활동의 학습 촉진자로서 일선 관리자는 멘토로서 또는 변화관리자로서 창의성을 발휘하고 개발하는 책임과 역할이 주어진다.

고객의 요구에 보다 빨리 대응하기 위해서는 분권화된 의사결정구조가 필요하며, 이런 환경에서는 일선 관리자의 책임과 역할이 보다 커지게 된다. 반면에 인적자원개발 담당자로서 가장 중요한 책임은 인적자원개발 부서를 전략적으로 관리하는 것이 아니라, 조직 내 모든 학습활동을 통일된 방향으로 구성하고 이를 실행하는 데 있다고 할 수 있다.

전략적 인적자원개발의 특성

전략적 인적자원개발의 개념적 정의로부터 공통적으로 도출될 수 있는 함축적인 의미는 인적자원개발 기능과 역할이 전략과 통합되어야 하고, 조직 내에서 전략적 인적자원개발 활동이 가능하도록 학습문화가 전제되어야 한다. 전략적 인적자원개발이 갖는 중요한 속성으로서 전략과의 통합이나 학습문화는 가라반(Garavan, 1991)이 도출한 〈표 3-1〉의 9가지 전략적 인적자원개발의 특성으로부터 자세히 설명될 수 있다.

〈표 3-1〉 전략적 인적자원개발의 특성

1.	조직 비전이나 목표와의 통합	2.	경영층의 지원
3.	환경 분석	4.	인적자원개발의 방침과 계획
5.	관리자의 몰입과 관여	6.	보완적 인적자원관리 활동
7.	훈련과 역할의 강화	8.	문화의 인식
9.	평가에 대한 강조		

1) 조직 비전이나 목표와의 통합

가라반(Garavan, 1991)은 기업 목표와 조직 비전을 인식할 수 있는 전략적 인적자원개발에 대한 중요성을 언급하면서, 조직의 사업 계획과의 통합이 중요하다고 강조하고 있다. 따라서 기업의 HRD는 기업의 전반적인 사업부 전략과 통합이 이루어질 때만 전략적 인적자원개발이 이루어질 수 있다고 볼 수 있다.

또한 전략적 인적자원개발이 기업의 전략을 단순하게 지원하고 수행하는 역할을 벗어나서, 기업전략을 형성하고 영향을 미칠 수 있는 진취적인 역할이 중요하다.

2) 경영층의 지원

핵심 이해관계자로서 경영층의 HRD에 대한 지원과 적극적인 참여는 전략적 인적자원개발의 구축을 위해 아주 중요하다고 할 수 있다. 조직에서의 이러한 경영층의 적극적인 지원은 조직에서의 그들의 관리적인 역할의 수행과 자신들의 개발적인 측면에서도 중요한 것이다. 그러므로 경영층의 HRD에 대한 지원은 단순히 수동적이기보다는 적극적인 형태의 지원과 참여가 있어야 한다. 또한 경영층의 지원을 얻기 위해서는 HRD 전문가들이 경영층이 요구하는 개념적이고, 분석적이며 대인적인 기술을 제공함으로써 전략 입안자들을 도울 수 있는 자신들의 능력을 부여주는 것이 중요하다. 다시 말해서 기업 내 HRD가 경영층의 전략적 사고를 갖추는 데 있어서 도움을 줄 수 있는 수단으로서도 인식될 수 있다는 것이다. HRD에 있어서의 이러한 경영층의 주요 역할은 그들이 HRD 실행에 대한 단순한 허락보다는 적극적으로 HRD에 관한 리더십의 발휘가 중요하다고 볼 수 있다. 주요 이해관계자로서, 전략적 인적자원개발에 있어서 경영층의 관점과 전망, 행동은 분명히 중요하다. 따라서 전략적 인적자원개발의 핵심 속성으로서 경영층의 적극적이고 진취적인 지원과 참여는 무엇보다 중요하다고 할 수 있다.

3) 환경 분석

전략적 인적자원개발체제가 조직 내 정착되고 발전하기 위해서는 기업 외부 환경에 대하여 지속적인 지식을 축적, 사업과 관련한 기회요인이나 위협요인을 파악하는 것이 중요하다고 할 수 있으며, 이러한 역할은 인적자원개발 전문가

만이 아닌 조직 내 고위관리자에게 해당된다고 할 수 있다. 전략적 인적자원개발은 조직 내·외에서 일어나는 변화를 인적자원개발이라는 관점에서 해석하고, 이로부터 유의미한 시사점을 도출하는 작업이 단지 인적자원개발 부서나 전문가에 의해서 이루어지는 것이 아니라 자연스럽게 조직 내 고위관리자에 의해서 이루어지는 상태를 말한다. 이러한 방식으로 인적자원개발은 조직 내 전략 계획 프로세스에 자연스럽게 통합되어진다.

4) 인적자원개발의 방침과 계획

HRD가 보다 전략적이 되기 위해서는 기업의 사업부 계획과 방침에서 출발하여야 하며, 동시에 HRD에 관한 방침과 계획이 사업부의 계획과 방침을 형성하는 데에도 중요한 역할을 수행하여야 한다. 이는 HRD 방침과 계획이 단순히 사업부 계획에 대한 반응적인 형태가 아닌 적극적으로 영향을 미칠 수 있는 역할이 되어야 한다는 의미이다. 이는 조직의 전략적인 관점이라기보다는 운영적인 측면에서 더 중요성을 갖는다. 그리고 HRD 계획과 방침이 분명히 필수적인 기능을 수행하지만, 이것도 경영층에 의해 개발이 이루어져야 하는 것도 중요하다. HRD 전략은 사업목표를 성취하기 위해 주어진 일정 기간 동안에 선택할 수 있는 하나의 지침이 될 수 있기 때문에 조직구성원의 행동을 안내하는 역할을 하고, 따라서 그 지침에 따라 조직 구성원의 학습과 훈련개발과 관련된 관점에서 합의되고 실행 가능하여야 한다.

그러므로 HRD 전략은 넓은 관점에서 조직의 현재와 미래의 방향성과 관련되어 있으며, 반면 정책은 전략 완수를 위해 수행되어야만 하는 과업으로서 그리고 따라야 하는 특별한 항로로서 여겨진다. 훈련 계획은 바로 다음 단계 아래로 표현되고 대체로 사람, 방법, 시간 그리고 장소의 관점에서의 훈련 개입의 우선순위로 구성되어진다. 그러므로 HRD 정책과 계획은 HRD 전략에 의해 보완되어질 필요가 있다.

5) 관리자의 몰입과 관여

관리자의 HRD에 대한 열정적인 참여는 관리자가 HRD에서 중요 이해관계자이고 주체적인 역할을 할 수 있기 때문에 조직의 전략적 인적자원개발을 위해서는 매우 중요하다. 관리자와 HRD의 책임을 함께 공유하는 것은 조직이 보유한 인적자원과 사업전략을 통합하는 데 있어서 그 성공의 핵심지표가 될 수 있다. 따라서 관리자와 HRD 스태프가 HRD 문제에 대해 함께 공동으로 작업하면서 HRD에 대한 주인의식의 필요성을 공유하는 것은 매우 중요하다고 할 수 있다. 이것은 HRD에 있어서 조직 내 이해관계자들의 이해를 통합하는 과정에 필요하다. 그러나 실제적으로는 HRD에서의 관리자의 역할은 충분히 발휘되지 못하고 있는 것이 국내 기업의 실정이다. 따라서 무엇보다 중요한 것은 HRD 전문가와 관리자의 협동적이고 전략적인 협력관계 구축이다. 관리자는 인적자원에 관한 정책의 운영뿐만 아니라 그 실행도 수행해야 하기 때문에, 특히 전략적 인적자원개발을 위해 HRD 전문가는 관리자와의 협력관계 구축은 무엇보다도 중요하다고 할 수 있다.

6) 보완적 인적자원관리 활동

HRD는 HRM 전략의 일부분으로서 인식해야 할 필요성이 있다. 즉, HRM의 중심적인 역할로서 HRD가 되어야 한다는 것이다. HRD와 HRM의 수평적이고 내부적인 통합 또는 적합관계는 실제적으로는 어려울지는 모르지만, 조직에서의 전략적 인적자원개발을 위해서는 분명히 중요한 사실이다. 분명히 단순하게 HRD의 보완적인 HRM 활동은 자체적으로는 전략적 인적자원개발을 위해 충분하지 않을 것이다. 문제는 HRM과 HRD 전문가와의 협력적 관계의 구축인데, 이는 HRD 전략과 HRM 전략과의 협력이 필요한 곳에서 그 중요성이 발휘된다. 이러한 HRM과 HRD와의 관계가 완전히 하나로서 인식이 되는 정도까지의 협력과 통합이 없이는 아마도 기업 목표의 수행에 대한 결실을 맺는다는 것은 거의 불가능하다. 그러므로 전략적 인적자원개발에서 강조하는 하나의 특성은 HRD

가 단순히 보완적 역할로서 HRM 활동으로 설명되어지기보다는 HRM에 의해 더욱 HRD가 강화되어야 하고, 그것은 HRM과 HRD 사이의 전략적 협력관계가 이루어질 수 있음을 의미한다.

7) 훈련과 역할의 강화

전략적 인적자원개발 기능은 단순한 훈련의 제공자나 관리자이기보다는 혁신자와 상담자가 될 수 있는 훈련자를 요구한다. 더 나아가 상담자로서의 역할은 훈련, 학습 또는 조직적 변화문제와 관련되어질 수 있다. 조직에서의 학습과 조직변화는 조직의 전략적 요구를 부활시켜주는 데 초점을 두고 있으며, 훈련의 역할은 개인적 요구를 부합시켜 주거나 조직의 다른 부분에 표준화된 서비스를 제공하는 것에 집중하려는 경향이 있다. 또한 HRD 스태프는 조직에서 추구하는 변화의 촉진자일 뿐만 아니라, 지도자로서의 역할을 수행할 필요가 있으며, 그들은 단순히 반응적이라기보다는 진취적이어야 하고, 주변적, 운명적이기보다는 중심적이고 전략적인 역할로서 HRD를 촉진시켜야 한다.

8) 문화의 인식

HRD 기능은 반드시 조직문화를 인식하고, 조직에서의 문화와 전략과의 관련성 하에서 수행되어질 때, 효과를 발휘한다. 또한 조직문화는 HRD가 수행되고 평가되는 방법을 결정하는 데 있어, 중요한 변수로 작용한다. 즉, 단순하게 조직문화를 유지하는 것보다는 조직문화에 적극적인 영향을 미치고 변화를 시도하는 데 있어서의 주체적인 HRD의 역할이 중요하다.

학습조직과 관련된 문헌들을 살펴보면, 조직에서의 학습은 상호관계가 복잡하고 잘 이해되지 않는 경향이 있으나, 학습도 하나의 문화적 산물이 될 수 있으며, 문화를 이전하고 변화시키는 역할을 수행한다. 따라서 분명한 것은 조직에서의 학습문화의 존재는 전략적 인적자원개발의 구축에 중요한 작용을 하며,

조직문화에 영향을 미치는 역할을 가진 HRD가 존재하는 조직이 아마도 이미 학습문화를 지니고 있을 가능성이 큰 것이다. 그러므로 조직문화에 영향을 미치는 HRD 잠재성의 인식과 확인은 전략적 인적자원개발에 있어서 필수적으로 요구되는 특성이다.

9) 평가에 대한 강조

HRD 기능과 활동에 관한 정확한 평가 없이는 HRD의 전략적 구축은 이루어질 수 없다. 조직에서 실시하는 훈련과 개발은 조직에서 설정된 방향으로 일관성 있게 수행되어야 하며, 그에 대한 활동을 정확하게 평가하지 않으면 안 된다. 특히 직원의 개발에 있어서 더욱 필요한 과정이다. 그러므로 훈련과 개발의 활동에 대한 평가는 사업 욕구가 충족되고 있는지, 조직성과가 학습의 개입을 통해 향상되고 있는지의 관점에서 이루어져야 한다. 이러한 평가가 적정하게 수행된다면, 이것은 필연적으로 훈련과 개발에 소요된 비용에 대한 유효성 관점에서의 평가가 된다는 것이다. 전략적 인적자원개발의 구축에 있어서 HRD에 대한 비용 관점의 유효성 평가는 중요하다. 하지만 역설적으로 이런 수익 계산을 강조하는 것은 오히려 단기적 관점에서의 정량적 결과만을 강조하는 경향이 있다. 따라서 장기적인 관점에서의 무형적인 결과에 대한 투자로서 HRD의 중요성에 대한 판단이 중요하다.

전략적 인적자원개발 성숙도 진단

여러분의 조직을 생각하면서 전략적 인적자원개발에 대한 성숙도를 한 번 점검해 보십시오.

전략적 인적자원개발의 특성	성숙도		
	상	중	하
1. 조직 비전이나 목표와의 통합			
2. 경영층의 지원			
3. 환경 분석			
4. 인적자원개발의 방침과 계획			
5. 관리자의 몰입과 관여			
6. 보완적 인적자원관리 활동			
7. 훈련과 역할의 강화			
8. 문화의 인식			
9. 평가에 대한 강조			

장 박사의 **Check Point** ☑

인적자원개발 활동도 전략이 없으면 코스트센터(Cost Center ; 원가중심점)로 전락한다. 전략적 인적자원개발의 성공적 실행을 위해서는 HRD 활동에도 '누가', '무엇을', '어떻게' 라는 3대 전략 실행요소가 필요하다. 따라서 HRD 담당자들은 전략적 인적자원개발의 9가지 특성을 이해하고 이에 대한 전략을 세워야 한다.

아울러 인적자원개발 활동에 관련된 이해관계자들의 역할과 책임이 무엇보다 중요하다.

제4장

역량모델(링)

역량모델이 우리나라에 소개 된지도 벌써 15년 정도되었다.

대기업은 물론, 공공기관, 중소기업, 구청에 이르기까지 역량모델이라는 단어는 이제 그리 낯설지 않다. 15년 동안 수명을 이어가는 것을 보니 지나가는 소나기는 아닌 것 같다. 그럼에도 불구하고 HRD 담당자들이 쉽게 접근할 수 없고, 전문 컨설턴트의 영역으로 남아있는 인상을 지우기가 어렵다.

어느 날 모 기관 교육기획 부장과 담당자가 필자를 찾아왔다.

국내 굴지의 전문 컨설팅기관과 많은 비용을 지불하고 역량모델을 수립하였다고 하였다. 그분들의 말씀은 역량모델을 구축하였는데, 그 다음 단계에 무엇을 해야 될지를 잘 모른다고 하였다. 그래서 필자는 용역을 담당한 전문기관에 자문을 구해보는 것이 좋겠다고 말씀드렸다. 그런데 그분들 왈, 자문을 구하려고 하니 비용을 더 달라고 합니다.

그리고 중요한 것은 자문을 통한 성과물에 대해 확신이 없다는 것입니다.

필자는 속으로 용역비용으로는 적은 금액이 아닌데…. 또 다시 씁쓸했다.

필자는 이러한 사례를 몇 번 경험한터라, 그분들에게 용역 결과물에 대한 단계를 물어보고 필자의 경험과 지식 범위 안에서 몇 시간 동안 조언을 드린 기억이 있다.

물론 결과물에 대한 책임은 전문 컨설팅기관과 기업 모두에게 있다고 할 수 있다.

전문 컨설팅기관은 용역을 의뢰한 기업이 용역 성과물을 통해서 인적자원개발 활동에 어려움이 없도록 교육체계, 교육과정, 교육제도 등 현실적인 성과물과 대안을 제시해 주어야 한다. 똑같은 역량모델을 만든다고 하여도 기업마다 문화가 다르고 인프라가 다르기 때문이다. 그런데 몇 가지 컨설팅 보고서를 보면 어느 기관에서 만든 것인지를 금방 알 수 있다. 용역을 의뢰한 기업은 모두 다른데….

기업 HRD 담당자들이 용역을 의뢰할 때는 용역 목표가 무엇인지를 명확히 해야 한다. 용역 목표가 명확해야 명확한 과업명세서를 작성하고 그에 합당한 성과물을 기대할 수 있기 때문이다. 왜냐하면 역량모델링은 단순히 인적자원개발 활동뿐만 아니라, 채용, 전보, 평가/보상, 승진 등 다양하게 활용되기 때문이다.

그리고 용역 전에는 반드시 역량모델을 잘 활용하고 있는 기업을 벤치마킹하여 시행착오를 줄여야 한다.

역량모델의 전반적인 내용에 대하여는 필자가 근무하는 K기업에서 실제로 역량모델을 구축하면서 경험했던 사례를 중심으로 설명하고자 한다.

역량모델(링)의 개념

　역량이란 조직의 비전과 전략 구현에 핵심이 되는 과업을 달성하는 데 필요한 지식, 기술, 태도의 집합으로 조직 내에서 높은 성과를 창출하는 사람들이 일관성 있게 보여주는 차별적인 특성이라고 말할 수 있다. 달리 말하면 성공한 사람들의 성공 비밀이라 할 수 있다.

　역량모델이란 역량의 집합으로 조직 구성원들이 높은 성과를 창출하기 위해 필요한 역량을 체계적으로 분류하고 정의하여 놓은 것을 말한다. 경쟁력을 확보하기 위해 필요한 조직의 역량은 각 기업마다 다르다. 같은 건설회사라도 A사는 토질 기술이, B사는 구조역학 기술이 핵심역량일 수 있다. 이처럼 개개 조직들이 가지고 있는 역량들을 한데 모아 정의하여 놓은 것이 해당 조직의 역량모델이라고 할 수 있는데 역량모델과 역량모델(링)은 표현의 차이가 있을 뿐 같은 의미라 할 수 있다.

　아울러 역량기반의 교육이라 함은 조직 내에서 성공적으로 업무를 수행하는 사람들의 일처리 방식을 교육과정에 담아내는 것이라 할 수 있다.

역량모델 도입 필요성

인재는 곧 사업의 핵심 성공요소이므로 조직에 필요한 인재가 누구이며, 직원들이 반드시 갖추어야 할 역량이 무엇인지를 정의하여 전략적인 통합성과 일체성을 이루어야 한다. 이를 위해서는 커뮤니케이션 도구인 역량모델이 필요하다.

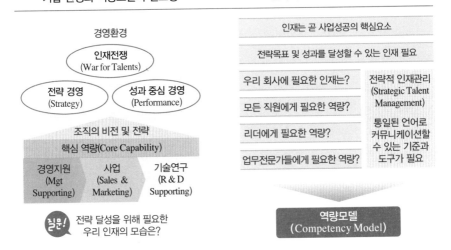

기업 환경과 역량모델의 필요성

경영환경

인재전쟁
(War for Talents)

전략 경영
(Strategy)

성과 중심 경영
(Performance)

조직의 비전 및 전략

핵심 역량(Core Capability)

경영지원
(Mgt
Supporting)

사업
(Sales &
Marketing)

기술연구
(R & D
Supporting)

질문! 전략 달성을 위해 필요한 우리 인재의 모습은?

전략적 인재관리를 위한 가이드

인재는 곧 사업성공의 핵심요소

전략목표 및 성과를 달성할 수 있는 인재 필요

우리 회사에 필요한 인재는?

모든 직원에게 필요한 역량?

리더에게 필요한 역량?

업무전문가들에게 필요한 역량?

전략적 인재관리
(Strategic Talent
Management)

통일된 언어로 커뮤니케이션할 수 있는 기준과 도구가 필요

역량모델
(Competency Model)

역량모델 구성

역량모델을 구성함에 있어 기업마다 표현의 차이는 있지만 일반적으로 공통역량, 리더역량, 직무역량으로 구분할 수 있다. 공통역량은 조직의 구성원들이라면 누구나 공유하고 지켜야 하는 일련의 가치관과 행동지침을 말한다. 즉, 조직의 핵심가치 내재화를 위한 역량이라고 말할 수 있다. 리더역량은 관리자가 직급 및 역할별로 반드시 갖추어야 할 역량이라고 할 수 있으며, 직무역량은 조직의 구성원들이 직무수행에 필요한 행동과 지식을 직무별로 규정한 역량이라고 할 수 있다. 일반적으로 직무역량은 직무 기본역량과 직무 전문역량으로 구분할 수 있는데, 직무 기본역량은 직무 전문 분야를 효율적으로 수행하기 위해 필요한 기본적인 능력이다. 또한 직무 전문역량은 업무수행시 사용하는 지식이나 실무적인 절차, 방법, 관련 법규 및 사규, 표준, 관련 정보, 기준 등 실질적으로 과업 수행에 활용되는 지식이나 스킬을 말한다.

〈역량모델 사례, K기업〉

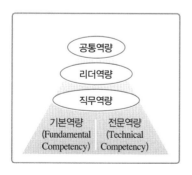

구분	역량 구성	역량 의미
공통역량	혁신추구, 주인의식, 고객중심, 신뢰형성	조직의 구성원이라면 누구나 공유하고 지켜야 할 일련의 가치관과 행동지침
리더역량	인재관리, 변화주도, 성과창출, 조직관리, 자기관리	관리자가 반드시 갖추어야 할 역량
직무 기본역량	프레젠테이션, 커뮤니케이션, 협상, 갈등관리, 문제해결 등	해당분야 과업수행에 필요한 기초역량
직무 전문역량	경영관리, 수자원사업, 수도사업단지사업, 연구개발	해당분야 과업수행에 필요한 직무별로 규정한 역량

역량모델 도출 방법

1. 공통역량

1) 공통역량 모델링 절차

공통역량 모델은 일반적으로 다음과 같은 절차에 따라 도출하면 된다.

2) 공통역량 항목 선정

① 역량항목 선정의 관점

조직의 시장 환경, 조직 특성, 구성원의 의식 등이 균형적으로 반영되었는지를 고려하여, 조직의 공통역량을 선정해야 한다.

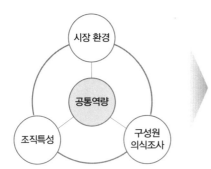

- 시장환경
  - 조직이 속해 있는 Industry의 환경적 특성 반영
- 조직특성
  - 조직의 비전, 미션 및 전략을 달성하기 위한 경영이념, 경영방침 반영
  - 조직의 구성원들이 반드시 가져야 할 핵심가치 등의 반영
- 구성원의 의식
  - 조직 구성원들의 의견 반영을 통한 공통역량에 대한 수용도 재고

• 대내외 환경 분석 : 조직이 처한 사내·외 환경 분석을 통해 기회요인과 위협요인을 도출한다.

	사내 요인	사외 요인
기회 요인		
위협 요인		

• 조직 특성 분석 : 조직 특성은 기업사명 및 비전, 비전달성을 위한 경영방침, 인재상, 조직문화의 4가지 차원에서 분석한다.

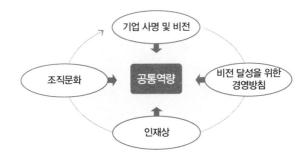

② 공통역량 후보항목 도출

조직의 사명 및 비전, 경영방침, 인재상 등을 바탕으로 공통역량 후보를 도출하면 된다.

공통역량 관련 기존 자료			공통역량 후보항목
요소	자원	항목	
기업 사명 및 비전	사명	최고의 서비스를 제공함으로써 고객들의 삶의 질 향상과 국가발전에 기여	고객 중심
	비전	세계 최고의 서비스 기업	혁신 추구
비전달성을 위한 경영방침	3대 경영방침	고객 중심	
		혁신 지속	주인의식
		세계 지향	
인재상	인재상	개인으로서 최고를 추구하는 조직인	정직 및 윤리
		조직인으로서 미래를 창조하는 조직인	
		사회인으로서 봉사하고 신뢰받는 조직인	신뢰 형성
조직문화	조직문화 진단	고객 지향 마인드	
		구성원들간 상호신뢰 문화	세계 지향
	5 Values	서비스정신	
		미래에의 도전	성과 중심
		주인의식	
		정직	도전정신
		존중	

③ 공통역량 항목 선정

공통역량 선정을 위해서는 조직 구성원들을 대상으로 공통역량 후보군에 대해 중요도 설문결과를 통하여 선정하면 되는데, 통상 5개 범위 내에서 우선순위로 정하면 된다. 이를 위해서 HRD 담당자는 기본적으로 통계에 대한 지식이 필요하다.

아울러 설문시에는 공통역량 후보군에 대하여 현재 수준을 평가(5점 척도)하면 향후 과정개발시 교육 우선순위를 파악할 수 있다.

역량 정의, 평가지표 및 역량 수준 평가 샘플

구분	내용
역량 명	혁신 추구
역량 정의	끊임없는 혁신으로 환경 변화에 능동적으로 대응하고, 창의적인 사고로 어려운 문제들을 해결해 나간다.
평가지표	1. 항상 새롭고 창의적인 대안을 모색한다. 2. 변화의 방향 및 변화 추진 전략에 대해 적극적으로 의견을 개진한다. 3. 항상 새로운 지식과 정보를 추구하며, 그것들을 응용하려고 노력한다. 4. 새로운 도전과 다양한 요구를 회피하지 않고 능동적으로 대응한다.
역량수준 평가	1. 기초/부족 2. 실습/미흡 3. 적용/보통 4. 숙달/우수 5. 지도/탁월
역량수준 정의	1. 기초/부족 : 습득 및 학습을 하는 수준으로 관련행동이 약간 나타남 2. 실습/미흡 : 업무에 제한적으로 적용하며, 관련행동이 나타나나 일관적이지 않음 3. 적용/보통 : 업무에 적용해 활용하며, 관련행동이 평소에 자주 나타남 4. 숙달/우수 : 상당히 숙련되고 광범위하게 응용하며, 관련행동이 자주 나타나며 일관적임 5. 지도/탁월 : 매우 우수해 타인을 지도하는 수준으로, 매우 익숙하며 항상 나타남

One Point
알아두고
넘어가기!

필자가 언급한 공통역량 도출 프로세스를 활용하면 일반적으로 공통역량 도출, 공통역량에 필요한 교육과정을 도출하는 데는 어려움이 없으나, 역량 정의 및 역량 진단을 위한 평가지표 도출에는 전문성이 요구된다. 필자의 견해로는 조금만 노력하면 공통역량에 대한 역량 정의 및 평가지표 항목을 자체적으로 충분히 만들 수 있다고 생각한다.

2. 리더역량

1) 리더역량 모델링 절차

리더역량 모델은 일반적으로 다음과 같은 절차에 따라 도출하면 된다.

2) 리더역량 모델 선정

① 리더역량 모델 개요

리더역량 모델은 창조적 리더 모델, 통합적 리더 모델 등 무수히 많다. 필자는

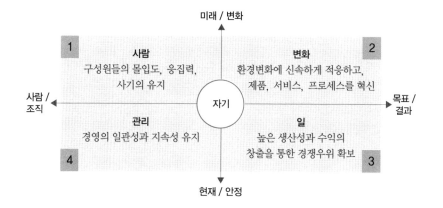

리더의 역할

구분	내용
조정자로서의 리더	• 리더란 무수한 특기를 가진 인간의 존재를 결집시켜 가치를 만들어내는 조정자 • 인간의 노력과 지식을 특정 목적에 사용하기 위하여 이를 조정하고 관리하고 의사결정을 하는 것이 리더의 역할임
혁신가로서의 리더	• 새로운 상품과 생산방법을 도입하고 새로운 활로·원료시장을 개척하는 혁신자 • 새로운 환경의 변화에 대한 요구를 이해하여 새로운 조직을 구성하고 구성원들로 하여금 활력을 느끼며 힘차게 일할 수 있도록 하는 토대를 만드는 변화를 주도하는 것이 리더의 역할임
행동하는 인간으로서의 리더	• 적극적으로 이윤을 쫓아 행동하는 사람 • 자신의 선호나 의지를 관철하기 위하여 이에 적합한 수단과 방법을 찾기 위해 노력하고 행동하는 것이 리더의 역할임
위험 담당자로서의 리더	• 위험부담을 항상 가지고 있으나 조직의 안정적인 성장을 위하여 개인과 회사의 업무를 조정하는 사람 • 업무절차를 간소하게 만들고 팀간 갈등을 최소화하여 발생가능한 위험을 최소하기 위하여 노력하고 행동하는 것이 리더의 역할임

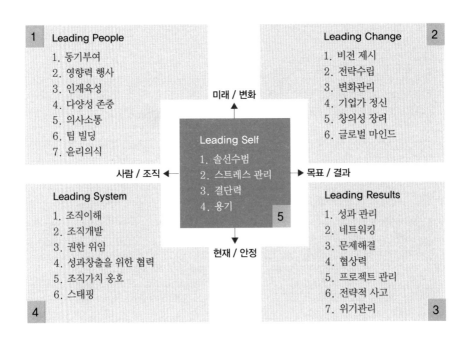

1   **Leading People**
1. 동기부여
2. 영향력 행사
3. 인재육성
4. 다양성 존중
5. 의사소통
6. 팀 빌딩
7. 윤리의식

Leading Change   2
1. 비전 제시
2. 전략수립
3. 변화관리
4. 기업가 정신
5. 창의성 장려
6. 글로벌 마인드

미래 / 변화

Leading Self
1. 솔선수범
2. 스트레스 관리
3. 결단력
4. 용기
5

사람 / 조직 ◄

► 목표 / 결과

Leading System
1. 조직이해
2. 조직개발
3. 권한 위임
4. 성과창출을 위한 협력
5. 조직가치 옹호
6. 스태핑

현재 / 안정

Leading Results
1. 성과 관리
2. 네트워킹
3. 문제해결
4. 협상력
5. 프로젝트 관리
6. 전략적 사고
7. 위기관리

4

3

리더의 역할을 네 가지 유형으로 구분한 퀸 모델(Quinn Model)을 기본으로 소개하고자 한다. 퀸 모델(Quinn Model)에 의하면, 리더는 사람, 변화, 일, 관리 모든 면에 있어 균형적인 역할을 수행해야 한다고 말하고 있다.

② 영역별 리더역량 모델 세부내용

　• Leading People 영역 : 높은 수준의 구성원 몰입도, 응집력, 사기의 유지를 위해 응집력 있는 팀 관리를 하며, 서로의 경험과 능력을 활용할 수 있도록 촉진하여 구성원이 성장 · 발전할 수 있는 기회를 제공하기 위해서 요구되는 역할과 필요 역량을 말한다.

Key Result Area

높은 수준의 구성원 몰입도, 응집력, 사기의 유지를 위해 응집력 있는 팀 관리를 하며 서로의 경험과 능력을 활용할 수 있도록 촉진하여 구성원이 성장/발전할 수 있는 기회를 제공함

Role & Responsibility

• 개개인의 애정과 관심을 가지고 대한다.
• 개인의 능력과 적성을 고려하여 성장할 수 있도록 배려한다.
• 갈등을 해소하고 팀워크를 저해하는 요인을 제거한다.
• 수행 결과에 따라 엄격히 신상 필벌한다.

역량	정의
동기부여	적절한 방법을 사용하여 조직목표 달성에 도움이 되는 행동을 강화한다.
영향력행사	상벌로써 부하직원들에게 영향력을 행사한다.
인재육성	다양한 학습 기회를 제공하고 코칭과 멘토링을 통해 구성원들의 역량을 향상시킨다.
다양성존중	다양성의 가치를 인정하고 존중한다.
의사소통	타인의 의견을 정확히 이해하고 자신의 생각을 효과적으로 구조화하여 전달한다.
팀빌딩	효율적인 업무배분, 팀원들간의 협조관계 형성 및 갈등관리 등을 통해 응집력 있고 생산적인 팀을 구축한다.
윤리의식	공정성, 투명성 및 윤리적 행동 등을 일관되게 보임으로써 조직의 구성원 및 고객으로부터 강한 신뢰관계를 형성한다.

• Leading Change 영역 : 급변하는 환경의 추세를 파악하여 새로운 사업 기회를 발굴하고 변화방향에 대해서 회사 내 · 외부로부터 합법성을 인정받아 필요한 자원을 확보하기 위해서 요구되는 역할과 이러한 역할을 수행하는 데 필요한 역량을 말한다.

Key Result Area

급변하는 환경의 추세를 파악하여 새로운 사업 기회를 발굴하고 변화방향에 대하여 회사 내/외부로부터 합법성을 인정받아 필요한 자원을 확보함

Role & Responsibility

• 회사와 조직의 미래에 대한 비전을 구성원들을 고무하는 형태로 전달한다.
• 본인 스스로가 기존의 관행이나 고정 관념에서 탈피하여 발상을 전환하고, 구성원들의 창조적 실험정신을 고무한다.
• 사업의 본질과 경영 환경에 대한 통찰력을 갖고 성공을 위한 변화의 기회를 포착한다.
• 변화를 위해 조직 내 상위 경영진의 지지를 얻어내고 핵심 구성원들의 동참을 이끌어 낸다.

역량	정의
비전 제시	회사와 조직의 미래에 대한 비전과 그에 이르는 길을 제시한다.
전략 수립	조직의 장단기 목표, 사업상 도전과 기회 요인 등을 고려하여 계획을 수립한다.
변화 관리	변화의 필요성에 대해 구성원들에게 확신을 주고 실천을 독려한다.
기업가 정신	회사의 성장을 가져올 수 있는 새롭고 도전적인 사업 기회를 찾는다.
창의성 장려	창의적인 업무 방식을 지원하고 독려한다.
글로벌 마인드	글로벌 시장을 이해하고 회사가 어떻게 경쟁할 지를 이해한다.

- Leading Results 영역 : 어려운 상황에서도 가부간의 방향을 분명하게 결정 · 추진해 나가는 용기와 결단력을 발휘하고, 고객의 요구사항 및 니즈를 정확하게 파악해서 신속하게 대응하기 위해서 요구되는 역할과 이러한 역할을 수행하는 데 필요한 역량을 말한다.

Key Result Area

어려운 상황에서도 가부간의 방향을 분명하게 결정 / 추진해 나가는 용기와 결단력을 발휘하고, 고객의 요구사항 및 니즈를 정확하게 파악해서 신속하게 대응함

Role & Responsibility

- 일, 결과 중심적으로 행동하고, 구성원들이 목표를 완수해 내도록 독려한다.
- 필요한 자원 확보나 지지 획득을 위해 협력적 네트워크 관계를 구축한다.
- 위기 / 돌발 상황에 대비하여 사전에 주도 면밀한 계획을 세우고 일을 수행한다.

역량	정의
성과 관리	부하직원들로부터 기대하는 성과물에 대해 명확히 의사소통하고 효과적으로 달성하도록 관리한다.
네트 워킹	업무에 도움이 될 수 있는 네트워크(인간관계)를 형성하고 유지한다.
협상력	업무상 파트너와의 효과적인 의사소통 과정을 통하여 상호 이익이 되는 합의점을 도출한다.
위기 관리	리스크 관리 제반 지식을 바탕으로 각종 리스크를 측정하여 종합적인 리스크 관리에 활용한다.
문제 해결	문제가 표면화되기 전에 이를 예견하고 그에 대응하기 위한 최적의 해결책을 검토하고 준비하며, 표면화된 문제에 대해서는 합리적인 해결책을 제시한다.
프로젝트관리	프로젝트를 효율적으로 수행하기 위해 우선순위와 시간, 그리고 자원을 효율적으로 배분한다.
전략적 사고	높은 성과를 낼 수 있는 전략을 확인하고 업무 활동과 프로세스를 체계적으로 계획 / 조직화하여 실행 방안을 마련한다.

• Leading System 영역 : 조직 내 벽을 허물고, 독립적으로 일하는 둘 이상의 개인, 부서의 업무를 효율적으로 조정함과 동시에 조직의 핵심가치와 문화를 계승 · 발전시킬 수 있도록 조직문화를 관리하기 위해서 요구되는 역할과 이러한 역할을 수행하는 데 필요한 역량을 말한다.

Key Result Area

조직 내 벽을 허물고, 독립적으로 일하는 둘 이상의 개인, 부서의 업무를 효율적으로 조정함과 동시에 조직의 핵심가치와 문화를 계승 · 발전시킬 수 있도록 조직문화를 관리함

Role & Responsibility

• 철저한 모니터링을 통해 사업 현황과 업무 내용을 상세하게 파악한다.
• 담당 조직의 역할을 명확히 하고, 조직 구조와 제도를 지속적으로 점검 / 정비한다.
• 저 부가가치 업무의 삭감, 프로세스의 간소화 등을 통해 업무가 효율적으로 이루어질 수 있도록 한다.
• 조직 전체의 시너지 제고를 위해 담당 조직의 경계를 넘어 부문간 협력한다.

역량	정의
조직 이해	의사결정에 필요한 조직의 내 / 외 환경, 업무 구조, 상황 등을 이해한다.
조직 개발	사업 전략을 실행하기 위한 조직의 기능과 시스템을 확립하고 적절한 의사소통 방법과 정보 공유를 통해 조직 효과성을 높인다.
성과 창출을 위한 협력	성과 향상을 위헤 본부 / 부서간에 협력적으로 업무를 수행한다.
스태핑	적시에, 적소에, 적임자가 배치되도록 한다.
권한 위임	적절한 구성원에게 의사결정권을 부여하고 지원한다.
조직 가치 옹호	조직의 가치를 지지하고 말과 행동으로 실천한다.

• Leading Self 영역 : 어려운 상황을 돌파할 수 있는 결단력과 용기를 갖추고 자신과 부하직원들의 직무 관련 스트레스에 효과적으로 대응하며, 구성원들에게 솔선수범하는 모습을 보이기 위해서 요구되는 역할과 이러한 역할을 수행하는 데 필요한 역량을 말한다.

Key Result Area

어려운 상황을 돌파할 수 있는 결단력과 용기를 갖추고 자신과 부하직원들의 직무 관련 스트레스에 효과적으로 대응하며, 구성원들에게 솔선수범하는 모습을 보임

Role & Responsibility

• 어려운 상황에서도 가부간의 방향을 분명하게 결정하고 추진해 나가는 동기와 결단력을 발휘한다.
• '하면 된다'는 자신감을 가지고 현장을 직접 진두지휘하면서 구성원들을 이끈다.
• 자신과 부하직원들의 직무 관련 스트레스를 적절한 방법으로 해소하여 업무성과에 영향을 미치지 않도록 관리한다.

역량	정의
솔선수범	개인적인 신념과 기업 윤리를 모범적으로 실천한다.
결단력	적시에 의사결정을 하고 그에 대한 책임을 진다.
용기	구성원들로부터 환영받지 않더라도 회사와 조직에 가장 이득이 되는 결정을 내린다.
스트레스관리	자신과 부하직원들의 직무 관련 스트레스에 효과적으로 대처한다.

〈평가항목, 평가지표 및 역량 수준 평가 샘플〉

평가항목	평가지표 / 역량 수준 평가
동기부여 및 인재육성	구성원들에게 다양한 학습 기회를 제공하고, 코칭과 멘토링을 통해 구성원들의 역량을 향상시키고, 적절한 방법을 사용하여 조직목표 달성에 도움이 되는 행동 역량 1. 기초/부족 2. 실습/미흡 3. 적용/보통 4. 숙달/우수 5. 지도/탁월

평가항목	평가지표 / 역량 수준 평가
비전 제시 및 전략 수립	회사와 조직의 미래에 대한 비전과 그에 이르는 길을 제시하고 조직의 장단기 목표, 사업상 도전과 기회요인 등을 고려하여 계획을 수립하는 역량 1. 기초/부족　2. 실습/미흡　3. 적용/보통　4. 숙달/우수　5. 지도/탁월
성과관리 및 네트워킹	업무에 도움이 될 수 있는 이해관계자 및 파트너와의 네트워크를 구축·관리하며, 부하 직원들로부터 기대하는 성과물에 대해 명확히 의사소통을 하고 효과적으로 달성하도록 관리하는 역량 1. 기초/부족　2. 실습/미흡　3. 적용/보통　4. 숙달/우수　5. 지도/탁월

③ 리더역량 영역별 교육과정(샘플)

- 직급별 요구되는 역량

직급	Leading People	Leading Change	Leading Results	Leading System	Leading Self
1급 (부서 장급)	• 코칭 및 부하 육성 • 영향력 발휘 • 커뮤니케이션	• 비전 제시 및 전략적 마인드 • 글로벌 비즈니스	• 네트워킹 • 협상력 • 전략적 의사 결정	• 조직문화 혁신	• 솔선수범 및 용기
2급 (팀장 급)	• 팀빌딩 • 동기부여 • 갈등관리 • 코칭 및 부하 육성	• 변화관리 • 창의성 장려 • 글로벌 비즈니스	• 성과관리 • 네트워킹 • 전략적 의사 결정	• 권한위임 • 협력	• 솔선수범 • 스트레스관리
3급 (과·차 장급)	• 팀워크 • 커뮤니케이션	• 변화관리 • 글로벌 비즈니스	• 문제해결력 • 네트워킹	• 조직 이해	• 솔선수범 • 스트레스관리

• 리더역량 영역별 교육과정 매칭

구분	교육과정명	1급	2급	3급
Leading People	코칭 및 부하 육성	○	○	
	팀빌딩		○	○
	팀장리더십		○	
	동기부여	○	○	
	갈등관리		○	○
	커뮤니케이션	○	○	○
	신뢰	○	○	○
Leading Change	비전 창조 및 전략	○		
	글로벌비즈니스	○	○	○
	변화관리		○	○
Leading Results	전략적 파트너십	○	○	○
	협상	○	○	○
	성과관리		○	
	전략적 의사결정	○	○	
	문제해결		○	○
	프로젝트관리		○	○
	위기관리	○	○	
	대인관계능력 향상	○	○	○
Leading System	조직문화 혁신	○	○	
	협력		○	○
	조직개발	○	○	
	임파워먼트	○	○	
Leading Self	자기혁신	○	○	○
	스트레스관리		○	○

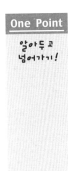

필자가 언급한 리더역량 도출 프로세스를 활용하면 일반적으로 리더역량 도출, 리더역량에 필요한 교육과정을 도출하는 데는 어려움이 없으나, 역량 정의 및 역량 진단을 위한 평가지표 도출에는 전문성이 요구된다. 다만, 리더역량은 다양한 자료를 쉽게 취득할 수 있으므로 조금만 노력하면 평가 항목별 평가지표를 충분히 자체적으로 만들 수 있다고 생각한다. 아울러 영역별 리더역량과 교육과정 매칭은 필자가 제시한 샘플을 참고하되, 외부 교육과정을 도입할 때는 교육과정명과 교육내용을 면밀히 검토하여 교육 과정이 서로 중복되지 않도록 유의해야 한다.

3. 직무 기본역량

1) 직무 기본역량 모델링 절차

직무 기본역량 모델은 일반적으로 다음과 같은 절차에 따라 도출하면 된다.

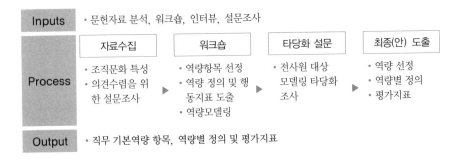

Inputs	• 문헌자료 분석, 워크숍, 인터뷰, 설문조사			
	자료수집	워크숍	타당화 설문	최종(안) 도출
Process	• 조직문화 특성 • 의견수렴을 위한 설문조사	• 역량항목 선정 • 역량 정의 및 행동지표 도출 • 역량모델링	• 전사원 대상 모델링 타당화 조사	• 역량 선정 • 역량별 정의 • 평가지표
Output	• 직무 기본역량 항목, 역량별 정의 및 평가지표			

2) 직무 기본역량 모델 선정

① 직무 기본역량 모델 개요

직무 기본역량은 직무전문 분야를 효율적으로 수행하기 위해 필요한 기본적인 능력이라고 할 수 있다. 따라서 사람 관계와 일 측면의 역량을 지원하는 기본역량을 선정하면 된다.

Intrapersonal ◄─────────────────► Interpersonal

사람	**자기기반 역량**	**대인관계 역량**
	열정, 도전정신, 성실성, 끈기, 적응성, 윤리의식, 자기관리, 자기개발 등 역량	명확한 의사전달, 대화촉진, 설득력, 프리젠테이션, 협상, 문서 의사소통, 배려, 갈등관리, 네트워킹, 정치적 기민함, 팀워크 등 역량
일	**직무수행 역량**	**전략지향 역량**
	프로젝트관리, 의사결정, 문제해결, 시간 준수, 정보 및 지식관리, 정보와 시스템의 활용, 세밀한 일 처리, 판매 및 상담, 재무적 마인드, 안전 중시, 업무개선 등 역량	정보 분석, 계획 및 조직화, 비즈니스 이해, 시장상황에 대한 이해, 국제적 안목 등 역량

Job Operational ◄─────────────────► Strategy Oriented

② 직무 기본역량 모델 세부내용

영역	역량	정의
자기기반 역량	열정	조직의 비전을 성취하고자 열성을 보인다.
	도전정신	높은 목표를 가지고 이를 달성하기 위해 적극적으로 노력한다.
	성실성	책임감과 도덕적 신념을 바탕으로 신뢰 있게 행동하여 언행일치의 모습을 보인다.
	끈기	목표가 달성되거나 달성 가능성이 없어질 때까지 끈기를 가지고 노력한다.
	적응성	성과에 영향을 미치는 내·외부 환경변화에 효과적인 방법으로 신속하게 적응한다.
	윤리의식	기업의 사회적 책임을 바르게 이해하여 기업 투명성, 윤리적 정직성을 침해하지 않는다.
	자기관리	업무효율성을 위해 자기 자신을 적절히 관리한다.
	자기개발	성과향상을 위해 자신의 능력을 꾸준히 개발한다.

영역	역량	정의
대인관계 역량	명확한 의사 전달	정보를 효과적으로 전달하여 상대의 이해를 돕는다.
	대화 촉진	상대의 이해를 돕기 위해 아이디어의 탐색을 촉진한다.
	설득력	설득적 의사소통을 통해 업무 실행력을 증진시킨다.
	프레젠테이션	효과적으로 발표한다.
	협상	효과적인 의사소통을 통해 개입된 모든 관련자 간에 상호 유익한 대안을 찾아낸다.
	문서 의사소통	자신의 생각과 의견을 문서로 간결하고 명확하게 전달한다.
	배려	상대의 감정과 상황에 대해 주의를 기울인다.
	갈등관리	갈등 상황의 본질을 정확히 파악하여 의견대립을 개방적이고 협력적인 방식으로 해결한다.
	정치적 기민함	업무목표를 달성하기 위해 정치적 이해관계와 역학관계를 활용한다.
	네트워킹	업무의 원활한 추진을 위해 조직 내·외부의 개인적 네트워크(공식 / 비공식)채널을 활용한다.
	팀워크	조직의 성과향상을 위해 협력적으로 업무를 수행한다.
직무수행 역량	프로젝트 관리	프로젝트를 효율적으로 수행하기 위해 우선순위와 시간, 자원을 효율적으로 배분한다.
	의사결정	업무방향 설정을 위해 적시에 통찰력 있는 의사결정을 한다.
	문제해결	새로운 아이디어와 개념을 사용하여 문제를 명확하게 정의하고 해결한다.
	시간준수	긴급한 요구에 빨리 대응하고 업무와 관련된 시간제한을 준수한다.
	세밀한 일처리	업무 목표를 염두에 두면서 업무를 정확하고 치밀하게 처리한다.
	업무개선	업무성과 향상을 위해 업무절차와 프로세스를 개선한다.
	성과 중심	기업의 목표가 이윤추구이자 성과의 극대화임을 인식하고 이익을 창출하기 위해 노력한다.
	정보 및 지식 관리	개인 및 조직의 정보 접근을 효율화한다.
	정보와 시스템의 활용	효과적 업무수행을 위해 정보 및 시스템을 효과적으로 활용한다.
	재무 마인드	투입되는 자원과 비용의 경제적 가치를 따져보고 이를 효율적으로 활용하고 관리한다.

영역	역량	정의
직무수행 역량	안정 중시	사고나 위험을 초래할 수 있는 상황들을 인식하고 사전에 이를 예방하기 위한 조치를 취한다.
	고객 신뢰형성	신뢰에 바탕을 두고 고객과의 관계를 지속적으로 구축한다.
	판매 및 상담	고객의 구매 의사결정을 돕기 위해 영향력을 행사한다.
	이문화 민감성	외국인과의 문화적 차이를 이해하고 그들의 기준에 맞게 자신의 언행에 변화를 준다.
전략지향 역량	국제적 안목	글로벌 시장을 이해하고 회사가 어떻게 경쟁할 지를 이해한다.
	비즈니스이해	회사의 제품이나 서비스를 생산하고 전달하는 방식을 이해한다.
	정보분석	정보를 효과적으로 수집하고 평가한다.
	계획 및 조직화	업무목표 달성을 위해 체계적으로 계획을 수립하고 필요 업무들을 조직화한다.

〈평가항목, 평가지표 및 역량 수준 평가 샘플〉

평가항목	평가지표 / 역량 수준 평가
열정	조직의 비전을 성취하고자 열성을 보인다. 1. 기초/부족 2. 실습/미흡 3. 적용/보통 4. 숙달/우수 5. 지도/탁월
도전정신	높은 목표를 가지고 이를 달성하기 위해 적극적으로 노력한다. 1. 기초/부족 2. 실습/미흡 3. 적용/보통 4. 숙달/우수 5. 지도/탁월
성실성	책임감과 도덕적 신념을 바탕으로 신뢰 있게 행동하여 언행일치의 모습을 보인다. 1. 기초/부족 2. 실습/미흡 3. 적용/보통 4. 숙달/우수 5. 지도/탁월
끈기	목표가 달성되거나 달성 가능성이 없어질 때까지 끈기를 가지고 노력한다. 1. 기초/부족 2. 실습/미흡 3. 적용/보통 4. 숙달/우수 5. 지도/탁월
적응성	성과에 영향을 미치는 내·외부 환경변화에 효과적인 방법으로 신속하게 적응한다. 1. 기초/부족 2. 실습/미흡 3. 적용/보통 4. 숙달/우수 5. 지도/탁월

평가항목	평가지표 / 역량 수준 평가
윤리의식	기업의 사회적 책임을 바르게 이해하여 기업의 투명성, 윤리적 정직성을 침해하지 않는다. 1. 기초/부족 2. 실습/미흡 3. 적용/보통 4. 숙달/우수 5. 지도/탁월
자기관리	업무효율성을 위해 자기 자신을 적절히 관리한다. 1. 기초/부족 2. 실습/미흡 3. 적용/보통 4. 숙달/우수 5. 지도/탁월
자기개발	성과향상을 위해 자신의 능력을 꾸준히 개발한다. 1. 기초/부족 2. 실습/미흡 3. 적용/보통 4. 숙달/우수 5. 지도/탁월
명확한 의사전달	정보를 효과적으로 전달하여 상대의 이해를 돕는다. 1. 기초/부족 2. 실습/미흡 3. 적용/보통 4. 숙달/우수 5. 지도/탁월
대화 촉진	상대의 이해를 돕기 위해 아이디어의 탐색을 촉진한다. 1. 기초/부족 2. 실습/미흡 3. 적용/보통 4. 숙달/우수 5. 지도/탁월
설득력	설득적 의사소통을 통해 업무 실행력을 증진시킨다. 1. 기초/부족 2. 실습/미흡 3. 적용/보통 4. 숙달/우수 5. 지도/탁월
프레젠 테이션	효과적으로 발표한다. 1. 기초/부족 2. 실습/미흡 3. 적용/보통 4. 숙달/우수 5. 지도/탁월
협상	효과적인 의사소통을 통해 개입된 모든 관련자 간에 상호 유익한 대안을 찾아낸다. 1. 기초/부족 2. 실습/미흡 3. 적용/보통 4. 숙달/우수 5. 지도/탁월
문서 의사소통	자신의 생각과 의견을 문서로 간결하고 명확하게 전달한다. 1. 기초/부족 2. 실습/미흡 3. 적용/보통 4. 숙달/우수 5. 지도/탁월

평가항목	평가지표 / 역량 수준 평가
배려	상대의 감정과 상황에 대해 주의를 기울인다. 1. 기초/부족　　2. 실습/미흡　　3. 적용/보통　　4. 숙달/우수　　5. 지도/탁월
갈등관리	갈등 상황의 본질을 정확히 파악하여 의견대립을 개방적이고 협력적인 방식으로 해결한다. 1. 기초/부족　　2. 실습/미흡　　3. 적용/보통　　4. 숙달/우수　　5. 지도/탁월
정치적 기민함	업무목표를 달성하기 위해 정치적 이해관계와 역학관계를 활용한다. 1. 기초/부족　　2. 실습/미흡　　3. 적용/보통　　4. 숙달/우수　　5. 지도/탁월
네트워킹	업무의 원활한 추진을 위해 조직 내·외부의 개인적 네트워크(공식/비공식) 채널을 활용한다. 1. 기초/부족　　2. 실습/미흡　　3. 적용/보통　　4. 숙달/우수　　5. 지도/탁월
팀워크	조직의 성과향상을 위해 협력적으로 업무를 수행한다. 1. 기초/부족　　2. 실습/미흡　　3. 적용/보통　　4. 숙달/우수　　5. 지도/탁월
프로젝트 관리	프로젝트를 효율적으로 수행하기 위해 우선순위와 시간, 자원을 효율적으로 배분한다. 1. 기초/부족　　2. 실습/미흡　　3. 적용/보통　　4. 숙달/우수　　5. 지도/탁월
의사결정	업무방향 설정을 위해 적시에 통찰력 있는 의사결정을 한다. 1. 기초/부족　　2. 실습/미흡　　3. 적용/보통　　4. 숙달/우수　　5. 지도/탁월
문제해결	새로운 아이디어와 개념을 사용하여 문제를 명확하게 정의하고 해결한다. 1. 기초/부족　　2. 실습/미흡　　3. 적용/보통　　4. 숙달/우수　　5. 지도/탁월
시간준수	긴급한 요구에 빨리 대응하고 업무와 관련된 시간제한을 준다. 1. 기초/부족　　2. 실습/미흡　　3. 적용/보통　　4. 숙달/우수　　5. 지도/탁월

평가항목	평가지표 / 역량 수준 평가
세밀한 일처리	업무 목표를 염두에 두면서 세부를 정확하고 치밀하게 처리한다. 1. 기초/부족 2. 실습/미흡 3. 적용/보통 4. 숙달/우수 5. 지도/탁월
업무개선	업무성과 향상을 위해 업무절차와 프로세스를 개선한다. 1. 기초/부족 2. 실습/미흡 3. 적용/보통 4. 숙달/우수 5. 지도/탁월
성과 중심	기업의 목표가 이윤추구이자 성과의 극대화임을 인식하고 이익을 창출하기 위해 노력한다. 1. 기초/부족 2. 실습/미흡 3. 적용/보통 4. 숙달/우수 5. 지도/탁월
정보 및 지식관리	개인 및 조직의 정보 접근을 효율화한다. 1. 기초/부족 2. 실습/미흡 3. 적용/보통 4. 숙달/우수 5. 지도/탁월
징보와 시스템의 활용	효과적인 업무수행을 위해 정보 및 시스템을 효과적으로 활용한다. 1. 기초/부족 2. 실습/미흡 3. 적용/보통 4. 숙달/우수 5. 지도/탁월
재무 마인드	투입되는 자원과 비용의 경제적 가치를 따져보고 이를 효율적으로 활용하고 관리한다. 1. 기초/부족 2. 실습/미흡 3. 적용/보통 4. 숙달/우수 5. 지도/탁월
안정 중시	사고나 위험을 초래할 수 있는 상황들을 인식하고 사전에 이를 예방하기 위한 조치를 취한다. 1. 기초/부족 2. 실습/미흡 3. 적용/보통 4. 숙달/우수 5. 지도/탁월
고객 신뢰형성	신뢰에 바탕을 두고 고객과의 관계를 지속적으로 구축한다. 1. 기초/부족 2. 실습/미흡 3. 적용/보통 4. 숙달/우수 5. 지도/탁월
판매 및 상담	고객의 구매 의사결정을 돕기 위해 영향력을 행사한다. 1. 기초/부족 2. 실습/미흡 3. 적용/보통 4. 숙달/우수 5. 지도/탁월

평가항목	평가지표 / 역량 수준 평가
이문화 민감성	외국인과의 문화적 차이를 이해하고 그들의 기준에 맞게 자신의 언행에 변화를 준다. 1. 기초/부족　2. 실습/미흡　3. 적용/보통　4. 숙달/우수　5. 지도/탁월
국제적 안목	글로벌 시장을 이해하고 회사가 어떻게 경쟁할 지를 이해한다. 1. 기초/부족　2. 실습/미흡　3. 적용/보통　4. 숙달/우수　5. 지도/탁월
비즈니스 이해	회사의 제품이나 서비스를 생산하고 전달하는 방식을 이해한다. 1. 기초/부족　2. 실습/미흡　3. 적용/보통　4. 숙달/우수　5. 지도/탁월
시장상황 이해	시장상황에 대한 경험과 지식을 바탕으로 시장의 요구 및 기회를 인지하고 경쟁적 차별성을 이끌어 낸다. 1. 기초/부족　2. 실습/미흡　3. 적용/보통　4. 숙달/우수　5. 지도/탁월
정보 분석	정보를 효과적으로 수집하고 평가한다. 1. 기초/부족　2. 실습/미흡　3. 적용/보통　4. 숙달/우수　5. 지도/탁월
계획 및 조직화	업무목표 달성을 위해 체계적으로 계획을 수립하고 필요 업무들을 조직화한다. 1. 기초/부족　2. 실습/미흡　3. 적용/보통　4. 숙달/우수　5. 지도/탁월

One Point

알아두고 넘어가기!

필자가 언급한 직무 기본역량 도출 프로세스를 활용하면 일반적으로 직무 기본역량 도출, 직무 기본역량에 필요한 교육과정을 도출하는 데는 어려움이 없고, 역량 정의 및 역량 진단을 위한 평가지표도 그대로 사용하면 된다. 다만, 조직 내 구성원들의 직무가 모두 다르기 때문에 역량 진단시에는 각 직무별 특성을 감안하여 평가항목을 달리하여 실시하면 된다.

4. 직무 전문역량

1) 직무 전문역량 모델링 절차

직무 전문역량 모델은 일반적으로 다음과 같은 절차에 따라 도출하면 된다.

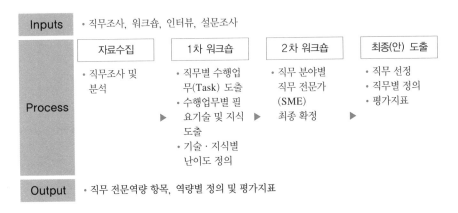

2) 직무 전문역량 도출

① 직무분석 및 직무분류체계

일반적으로 직무 전문역량을 도출하기 위해서는 역량 중심의 커리큘럼(Competency-Based Curriculum:CBC)기법과 데이컴(Developing a Curriculum : DACUM)기법이 사용되는데, 필자의 경험으로는 CBC 기법은 실제 활용시 복잡하고 어려움이

직군	직무그룹	직무
기획경영	경영전략	경영전략 / 조직관리 / 평가 / 기획관리 / 법무
인사관리	인사운영	인사운영
	노무 및 복지	급여 / 복리후생 / 노사관리
	인력개발	인력개발 / 교수
재무관리	예산관리	예산관리
	자금관리	자금관리
	회계 및 세무	회계 및 세무
	자산관리	자산관리

많아 사용하기를 권하지 않는다. DACUM 기법을 활용하면 비교적 쉽게 직무분석을 할 수 있다. DACUM은 직무분석을 통하여 교육과정 개발을 하는 접근방법으로, 1970년대 오하이오주립대학에서 발전된 것으로 해당 직무에서 풍부한 경험과 지식을 겸비한 전문가들이 워크숍을 통하여 해당 직무를 분석하고 이에 관련된 교육목표와 내용 등을 추출해 내는 것을 말한다. 직무 전문역량 도출을 위한 직무분류체계는 일반적으로 직군 – 직무그룹 – 직무로 구분한다. 직군은 유사한 직무그룹의 상위 분류체계이며, 직무그룹은 유사한 직무의 상위 분류체계라고 할 수 있다. 직무분류체계를 위해서는 이와 같은 양식을 활용하면 된다.

② 직무 전문역량 구체화

직무분석 및 직무분류체계에서 도출된 과업(Task)을 바탕으로 그에 필요한 기술과 지식을 규명하는 작업을 진행하면 된다.

필요기술과 지식을 Sub-Task 단위로 도출하면 너무 세부적이어서 다른 인사제도에의 활용성이 떨어지고 직무역량 도출작업도 어렵기 때문에 필요기술과 지식 도출은 Task 단위로 하는 것이 효율적이다.

〈인사관리군–인력개발–인력개발 직무 전문역량 도출 샘플〉

수행직무 (Task)	세부수행업무 (Sub-Task)	필요기술 (Skill)	필요지식 (Knowledge)	습득 난이도
교육계획 수립 및 관리	대내외 경영환경 분석 외부 트렌드 분석 직원교육 니즈 분석 연도별 교육계획 확정	경영 분석기법 학습자 분석 직무 분석 개발자원 분석 통계기법 정보탐색 기술	성인학습이해 훈련개발이론 경영관리이해 조직개발이론 인적자원개발 인적자원관리	중 중 중 상 중 상
교육훈련 제도관리	경영계획 및 경영전략 분석 교육훈련제도 개정 니즈파악 교육훈련제도 개정	협상기법 경영관리이해 연구능력	성인학습이해 훈련개발이론 경영관리이해 조직개발이론 인적자원개발 인적자원관리	중 중 중 상 상 상

수행직무 (Task)	세부수행업무 (Sub-Task)	필요기술 (Skill)	필요지식 (Knowledge)	습득 난이도
교육훈련 예산관리	교육과정별 교육훈련비 산정 교육훈련비 배정요구 교육훈련비 운영관리	컴퓨터 사용능력 회계기초 자료관리기술	관리회계 엑셀 통계지식	중 하 중

〈인사관리-인력개발-인력개발 평가항목, 평가지표 및 역량 수준 평가 샘플〉

평가항목	평가지표 / 역량 수준 평가
인력개발	**교육계획 수립 및 관리** 1. 기초/부족　2. 실습/미흡　3. 적용/보통　4. 숙달/우수　5. 지도/탁월 **과정개발 및 운영** 1. 기초/부족　2. 실습/미흡　3. 적용/보통　4. 숙달/우수　5. 지도/탁월 **교육훈련제도 수립 및 관리** 1. 기초/부족　2. 실습/미흡　3. 적용/보통　4. 숙달/우수　5. 지도/탁월 **교육성과 평가 및 모델개발** 1. 기초/부족　2. 실습/미흡　3. 적용/보통　4. 숙달/우수　5. 지도/탁월

One Point
알아두고
넘어가기!

필자가 언급한 직무 전문역량 도출 프로세스를 활용하면 일반적으로 직무 전문역량 도출, 직무 전문역량에 필요한 교육과정을 도출하는 데는 어려움이 없고, 역량 정의 및 역량 진단을 위한 평가지표도 그대로 사용하면 된다. DACUM 기법을 활용하면 외부기관에 의뢰하지 않고도 자체적으로 직무 전문역량을 도출하고, 이에 필요한 평가지표, 과정개발에 필요한 지식과 스킬, 태도를 도출할 수 있다.

역량기반의 교육체계

교육체계는 조직의 목표달성을 위해 직원들을 대상으로 교육을 실시함에 있어, 교육과 관련된 모든 활동 내용들에 대하여 일정한 기준에 의해 짜임새 있게 분류하고 조직화하는 것을 말한다. 즉, 역량기반의 교육체계는 역량모델링에서 도출한 공통역량, 리더십역량, 직무 기본역량, 직무 전문역량을 토대로 역할별, 직위별, 수준별로 교육과정을 분류하는 것 외에, 인적자원개발 계획, 전략 등이 담긴 청사진이라고 말할 수 있다. 아울러 교육체계와 교육로드맵(Road Map)은 같은 의미로 사용하고 있다.

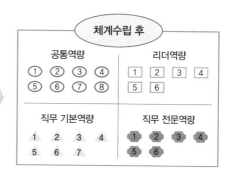

1) 인재상 수립

① 인재상 도출 프로세스
조직이 전략을 달성하기 위해 나가야 할 방향과 조직이 고유하게 가지고 있는 문화적 특성이나 가치 등을 반영한 것이 인재상이라고 할 수 있다. 조직의 인재상을 도출하기 위해서는 조직의 비전 / 전략분석, 경영진을 포함한 구성원들의 인터뷰, 설문조사, 국내외 선진기업의 벤치마킹을 통해 인재상 요소를 도출하고, 이를 그룹핑하여 조직의 비전을 실현하기 위한 인재상 모델과 정의를 제시하는 것을 말한다.

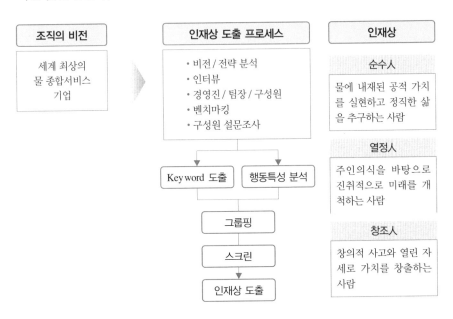

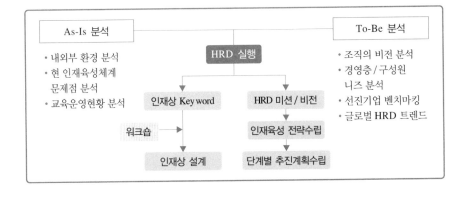

전사 인재상의 도출 그룹핑 과정

외부(경영) 환경 분석	내부환경 분석 (미션 및 비전 분석)	임직원 요구조사	선진기관 벤치마킹
• 변화관리 • 도전정신 • 글로벌 역량 • 협력 • 도덕적 윤리	• 글로벌 스탠다드 • 전문성 • 고객중심 사고 • 창의적 사고 • 전략기획력 • 다양성 존중 • 성과지향 • 주인의식 • 역동성	• 도덕적 윤리 • 봉사 • 열정 • 업무 전문성 • 역동성 • 미래 도전 • 성과지향 • 신뢰	• 창의 • 도전 • 열정 • 패기 • 정직과 신뢰 • 고객가치 지향 • 글로벌 • 전문성

순수人   열정人   창조人

인재상의 행동지표

순수人	열정人	창조人
물에 내재된 공적 가치를 실현하고 정직한 삶을 추구하는 사람	주인의식을 바탕으로 진취적으로 미래를 개척하는 사람	창의적 사고와 열린 자세로 가치를 창출하는 사람

2) 인적자원개발 Master Plan 수립

인적자원개발 마스터플랜(Master Plan)에서는 중장기 인재육성의 큰 틀을 설계한다. 인적자원개발 마스터플랜에는 미션, 비전, 인재육성 목표, 전략방향, 전략과제 등이 포함된다.

구분	내용
미션	인적자원의 가치 창출과 조직경쟁력 제고
비전	세계 수준의 물 환경 교육훈련 전문기관
인재육성목표	• 순수인 : 공적 가치를 실현하고 정직한 삶을 추구하는 사람 • 열정인 : 주인의식을 바탕으로 진취적으로 미래를 개척하는 사람 • 창조인 : 창의적 사고와 열린 자세로 가치를 창출하는 사람

구분	내용	
전략 방향	• Core Value(핵심가치 생활화) • Professional(전문역량 고도화)	• Leadership(경영역량 선진화)
전략 과제	• 핵심가치 기반의 조직문화 혁신 • 글로벌 수준의 전문가 육성	• 실천적 리더의 전략적 육성

3) 역량기반 교육체계

인재육성목표 달성과 인재상 구현을 위한 역량(공통, 리더십, 직무)기반의 기본교육체계를 수립한다.

① 전사교육 체계도(예시)

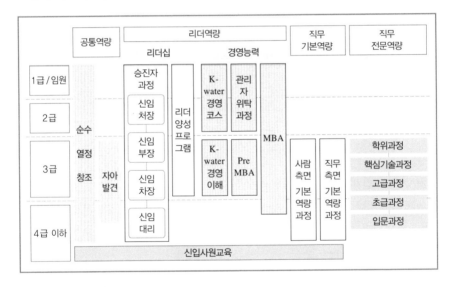

② 공통역량교육 체계도(예시)

공통역량									
순수			열정				창조		
순/열/창 조직문화 교육	자아발견 교육	리프레쉬 교육	윤리경영	신뢰구축	프로정신	주인의식	변화관리	글로벌 마인드	창조경영

③ 리더십역량교육 체계도(예시)

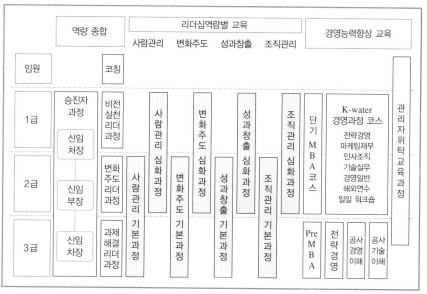

- **사람관리 코스** : 커뮤니케이션, 모티베이션, 코칭
- **변화주도 코스** : 변화관리, 전략적 리더십, 전략적 의사결정
- **성과창출 코스** : 프로젝트관리, 전략적 파트너십, 네트워킹 및 협상력
- **조직관리 코스** : 임파워링 리더십, 위기관리

④ 직무 기본역량교육 체계도(예시)

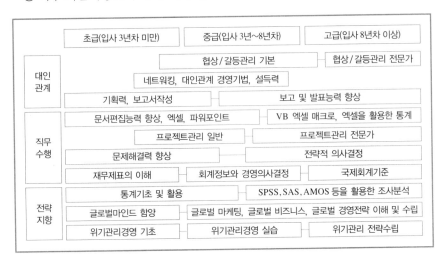

	초급(입사 3년차 미만)	중급(입사 3년~8년차)	고급(입사 8년차 이상)
대인관계		협상/갈등관리 기본	협상/갈등관리 전문가
	네트워킹, 대인관계 경영기법, 설득력		
	기획력, 보고서작성	보고 및 발표능력 향상	
직무수행	문서편집능력 향상, 엑셀, 파워포인트	VB 엑셀 매크로, 엑셀을 활용한 통계	
	프로젝트관리 일반	프로젝트관리 전문가	
	문제해결력 향상	전략적 의사결정	
	재무제표의 이해	회계정보와 경영의사결정	국제회계기준
전략지향	통계기초 및 활용	SPSS, SAS, AMOS 등을 활용한 조사분석	
	글로벌마인드 함양	글로벌 마케팅, 글로벌 비즈니스, 글로벌 경영전략 이해 및 수립	
	위기관리경영 기초	위기관리경영 실습	위기관리 전략수립

⑤ 직무 전문역량교육 체계도(예시)

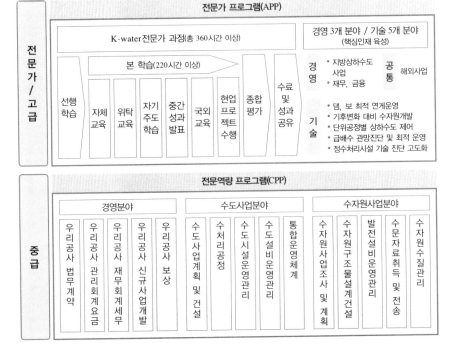

기본	실무전문가 프로그램(PPP)		
	경영분야	수도분야	수자원분야
	법규 / 보상	계획 및 건설	조사 및 계획
	요금 마케팅	수처리 공정	댐구조물 건설
	재무회계	통합운영체계	저수지운영관리
	신규사업개발	시설운영관리	발전설비운영
	인사조직 / 계약	설비운영관리	수문자료 취득
	- On the Job Training (OJT) & e-Learning -		수질관리

4) 역량모델(링) 활용

역량모델은 인적자원관리의 모든 기능에서 다양하게 활용할 수 있다.

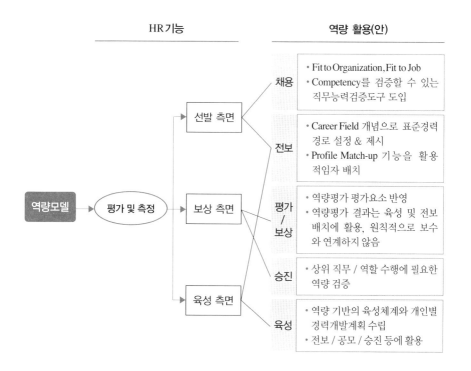

HR기능

역량 활용(안)

역량모델 → 평가 및 측정

선발 측면
- 채용
  - Fit to Organization, Fit to Job
  - Competency를 검증할 수 있는 직무능력검증도구 도입
- 전보
  - Career Field 개념으로 표준경력 경로 설정 & 제시
  - Profile Match-up 기능을 활용 적임자 배치

보상 측면
- 평가 / 보상
  - 역량평가 평가요소 반영
  - 역량평가 결과는 육성 및 전보 배치에 활용, 원칙적으로 보수와 연계하지 않음
- 승진
  - 상위 직무 / 역할 수행에 필요한 역량 검증

육성 측면
- 육성
  - 역량 기반의 육성체계와 개인별 경력개발계획 수립
  - 전보 / 공모 / 승진 등에 활용

역량모델은 인사 등 다양한 분야에서 활용하고 있지만 특별히 인적자원개발 분야에서는 역량별 교육체계를 수립하는 데 주로 활용된다. 역량별 교육체계가 완성되었다는 의미는 각 역량별로 교육과정이 세팅되었다는 의미이다. 각 역량별 교육과정 중 공통역량 과정은 조직이 속한 문화 및 핵심가치를 반영함으로, 주로 조직문화 활성화 등 핵심가치 교육은 외부기관과 협력하여 과정을 개발하면 좋다. 리더십역량 및 직무 기본역량 과정은 기존의 외부에서 개설된 과정을 도입하여 역량과 적절히 매칭하면 된다. 아울러 직무 전문역량은 조직 내 직무전문가의 도움을 받아 DACUM 기법을 활용하여 과정을 개발하여 운영하면 된다.

과정개발

전통적 과정개발 방법 / ISD, CBC, DACUM의 관계 / 명품 과정개발 방법

전 직원을 대상으로 하는 조직문화 활성화 교육을 위해 외부교육기관과 교육과정을 개발할 때의 경험담이다. 교육에 대하여는 문외한인 부장님이 신규로 부임하였다. 과정개발을 위해 내부직원들과 외부교육기관 스태프들과의 미팅이 있었는데, 미팅 후 부장님이 필자를 불러서 다음과 같은 말을 했다. "장 과장, 나는 교육에 대하여는 잘 모르지만, 미팅에 참석해보니 장 과장이 과정개발에 대한 방향, 노하우를 교육업체에 다 주고, 플러스 교육업체에 비용까지 지불하고, 주객이 바뀐 것 같아, 도대체 어떻게 된 거야?"

여러분도 혹시 이런 경험을 한 적이 있습니까? 통상 과정이 개발되면 교육시행 전에 파일럿 테스트를 한다. 어떤 교육내용은 HRD 담당자들도 이해가 힘든 경우가 있어 교육생들이 쉽게 이해할 수 있도록 내용을 보완했으면 좋겠다고 요구하면, 알았다고 답변은 하지만 나중에 다시 가져오는 결과물은 별반 처음 내용과 차이가 없다. 왜 이런 결과를 초래할까? 교육업체의 내공이 부족한 탓도 있지만, 근본적으로 과정개발에 대한 핵심 프로세스에 문제가 있기 때문이다.

필자가 몸담고 있는 교육원에 신입직원이 전입해 오면, 외부교육기관에 개설되어 있는 다양한 교육과정에 교육을 보낸다. 특별히 교육과정 개발을 위해 외부교육을 수강한 직원에게 본인이 개발하고 싶은 분야 교육과정을 개발하라고 권하면, 직원 왈, "자신이 없다."라는 말을 한다. 소위 교육과정개발에 대한 전문가과정을 이수해도 실질적으로 과정개발을 하기에는 뭔가 부족한 모양이다. 이런 경우 필자는 속으로 "그래, 니 잘못이 아니다. 교육과정에 문제가 있고, 이론과 실제에 너무 많은 차이가 있다."라고 생각하곤 하였다. 여러분은 어떻게 생각하십니까? 자신 있게 과정개발을 할 수 있는지요…. 교육 담당자들은 자주 다음과 같은 경험을 한다. "교육과정 명은 분명 다른데, 교육내용을 보면 별반 차이를 느끼지 못한다." 소위 짜깁기식의 교육과정을 만들다 보니 원래 교육과정의 핵심을 잡지 못한 결과로 생각된다. 필자는 독자적으로 집합과정, 온라인과정을 많이 개발하였다. 그래서 지금은 필자의 업무영역과 다른 교육과정 개발을 요구해도 두려움이 전혀 없다. 이유는 교육과정개발을 함에 있어 필자만의 노하우가 있기 때문이다. 처음부터 필자만의 노하우가 쌓인 것은 아니다. 끊임없는 시행착오를 거치고, 많은 교육과정을 개발하다보니 자연스레 노하우가 필자에게 찾아왔다. 지금부터 여러분들에게 과정개발에 대한 필자만의 노하우를 소개해 드리고자 한다. 여러분들도 멋진 명품과정을 개발할 수 있기를 소망한다.

전통적 과정개발 방법

일반적으로 과정개발을 위해 사용되는 방법은 ISD(Instructional Systems Design & Development)모델이다. ISD의 주요 프로세스는 분석(Analysis), 설계 (Design), 개발(Development), 실행(Implementation), 평가(Evaluation)로 이루어 지기 때문에 통상 이들 단계의 첫 글자를 따서 ADDIE 모형이라 부른다.

ADDIE 모형을 잠깐 소개한 후 실제 과정개발을 할 때 어려운 점을 소개하기로 한다.

ADDIE 모형

분석(Analysis)	• 교육과정 배경 파악 • 자료수집 • 직무 및 과제 분석 • 학습자 분석 • 환경 분석
설계(Design)	• 수행목표 명세화 • 평가계획 수립 • 교육내용 계열화 • 교수전략 및 매체 선정
개발(Development)	• 교수자료 개발 • 교재개발 • 파일럿 테스트
실행(Implementation)	• 교재 발주 • 과정 행정처리 • 교육 운영준비
평가(Evaluation)	• 교육훈련 성과 평가

ADDIE 모형을 활용하여 과정개발을 할 때 가장 어려운 점은 분석, 설계단계 에서 교육프로그램 내용을 선정하는 일이다. 과정개발을 할 때 핵심적인 분야

라 할 수 있다. 통상 과정개발을 할 때 직무 전문역량 분야 교육내용은 DACUM 기법을 통하여 도출된 지식, 스킬을 토대로 교육프로그램 내용을 구성하면 별 어려움이 없다. 문제는 공통역량, 리더십역량, 직무 기본역량 분야의 교육프로그램 내용을 구성하는 일이다.

ADDIE 모형을 활용해도 직무 전문역량 분야를 제외한 공통역량 등 3개 분야 교육프로그램 내용을 구성하는 데에는 실제적으로 많은 어려움이 따른다.

ISD, CBC, DACUM의 관계

HRD 담당자들이 자주 혼란스러워 하는 ISD, CBC, DACUM의 관계에 대하여 알아보기로 하자. 쉽게 설명하면 ISD는 과정개발을 할 때 전체적인 프로세스라고 할 수 있으며, CBC, DACUM은 과정개발시 ISD 모형 중 분석(Analysis) 프로세스에서 사용하는 과정개발 기법이라고 말할 수 있다.

CBC와 DACUM의 기법 차이는 다음과 같다.

구분	CBC	DACUM
과정개발 방법	역량 분석에 기반	직무 분석에 기반
분석 포인트	직책, 직무별 우수성과자의 역량 및 이에 따른 전형적인 행동을 분석하고, 행동별 K/S/A를 도출	직무별 우수수행자에 의한 직무 분석을 바탕으로 직무수행에 필요한 K/S/A를 도출
주요 분석자	교육 담당자	직무수행자(현업 전문가)
교육내용	전체 또는 단위역량별 K/S/A	우수 직무수행에 요구되는 K/S/A

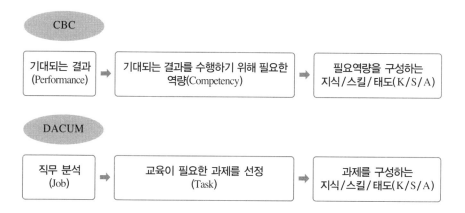

CBC와 DACUM을 활용한 교육과정 개발 프로세스는 다음과 같다.

1) CBC 기법 활용

과정명 : 고객서비스 향상 과정

성과(Output)	역량(Competency)	K/S/A
1. 신속한 서비스	1-1. 고객요구 파악 능력	1-1-1. 고객의 특성(K) 1-1-2. 시간관리(K) 1-1-3. 예절(A) 1-1-4. 제품고장(K)

2) DACUM 기법 활용

과정명 : 교육 담당자 역량 향상 과정

직무(Job)	임무(Duty)	과제(Task)
인력개발	조직개발 교육운영	1. 교육니즈 조사 및 분석 2. 과정설계 및 개발 3. 교육대상자 선발 및 교육실행 4. 교육성과측정 및 피드백

과제별 지식 / 스킬 / 태도 도출

NO	과제명	지식(K)	스킬(S)	태도(A)
1	교육니즈 조사 및 분석	1-1. 성인학습이해 1-2. 훈련개발이론 1-3. 경영관리이해 1-4. 조직개발이론 1-5. 인적자원개발이론 1-6. 인적자원관리이론 1-7. 통계이론	1-1. 경영상의 요구 분석 1-2. 학습자 분석 1-3. 환경 분석 1-4. 개발자원 분석 1-5. 직무과업 분석 1-6. 제약요인 분석 1-7. 통계작성	1-1. 분석력 1-2. 열정 1-3. 판단력 1-4. 이해력

NO	과제명	지식(K)	스킬(S)	태도(A)
2	과정설계 및 개발	2-1. 성인학습이해 2-2. 훈련개발이론 2-3. 경영관리이해 2-4. 조직개발이론 2-5. 인적자원개발이론 2-6. 인전자원관리이론	2-1. 수행목표 명세화 2-2. 학습목표 기술 2-3. 평가전략개발 2-4. 교수전략 및 기법선택 2-5. 매체선정 2-6. 교수자료개발 2-7. 매뉴얼 제작 2-8. 교재 매체 제작	2-1. 분석력 2-2. 열정 2-3. 판단력 2-4. 이해력
3	계속			

※ Course 개발 교육내용 Grouping

과제명 : 교육니즈 조사 및 분석

구분	주요 내용	난이도			교육 Grouping			
		기초	중급	고급	교육	도서	OJT	매뉴얼
지식	1-1. 성인학습이해	○				○		
	1-2. 훈련개발이론	○				○		
	1-3. 경영관리이해	○				○		
	1-4. 조직개발이론	○			○			
	1-5. 인적자원개발이론	○				○		
	1-6. 인적자원관리이론	○			○			
	1-7. 통계이론		○					
스킬	1-1. 경영상의 요구 분석	○			○			
	1-2. 학습자 분석	○			○			
	1-3. 환경 분석	○			○			
	1-4. 개발자원 분석	○			○			
	1-5. 직무과업 분석		○		○			
	1-6. 제약요인 분석	○			○			
	1-7. 통계작성		○		○			
테도	1-1. 분석력 1-2. 열정 1-3. 판단력 1-4. 이해력							

명품 과정개발 방법

처음부터 필자는 교육과정을 직접 개발할 생각은 없었다. 공통역량, 리더십역량, 직무 기본역량 과정은 대부분 외부기관에서 프로그램을 도입하거나 외부강사를 활용하였다. 그러나 문제가 발생했다. 역량모델을 구축하고 필요한 교육과정을 개발해야 하는데, 외부 컨설팅기관에서조차 역량과 과정을 매칭하는 데 명쾌한 해답을 주지 못했다. 기존의 교육과정을 조합하여 제시하거나, 아예 과정을 제시하지 못하는 역량도 많았다. 역량모델은 구축하고, 교육과정은 없고 …. 답답했다. 아울러 외부에서 도입한 몇몇 과정도 실제 교육목표를 달성하기 위한 콘텐츠 구성에 문제점이 보이기 시작했다. 과정명은 분명히 다른데 교육내용이 비슷하거나, 교육목표를 달성하기 위한 교육내용이 부실했다.

필자의 경험상 명품과정을 개발하기 위해서 가장 중요한 것은 교육프로그램 내용에 대한 중심 키워드를 결정하는 것이라 말할 수 있다. 필자가 직접 개발하고 몇 년간 사내에서 강의를 하고 있는 '커뮤니케이션' 과정을 사례로 살펴보고자 한다. 참고로 이 과정은 과정만족도가 5점 척도에 4.8 이상을 지속적으로 유지하고 있는 과정이다. 그렇다면 어떻게 이와 같은 높은 만족도를 유지하고 있을까? 필자는 달변가가 아니다. 중요한 것은 과정내용이 교육생에게 도움이 되는 내용으로 구성되어 있느냐의 문제다.

1) 광범위한 자료수집

먼저 기존의 국내외 교육기관에서 실시하고 있는 관련 교육과정을 모두 검색

한다. 또한 국내외 관련서적을 검색하여 목차를 모두 읽어보고 스크랩을 하여 보관한다. 마지막으로 필자만의 노하우인 '국회 전자도서관' 에 접속하여 학위 논문 – 커뮤니케이션 단어 검색을 통하여 커뮤니케이션 내용에 포함될 공통 내용들에 대하여 학습한다.

어느 직원이 필자의 커뮤니케이션 과정을 수강한 후 어떻게 이런 과정을 개발했느냐? 도대체 비법이 무엇이냐고 물었다. 필자는 비법 중 하나는 국회 전자도 서관에 들어가서 학위논문을 많이 본다고 하였다. 직원은 고개를 갸우뚱하면서 학위논문은 이론인데 왜 그것을 보느냐고 반문한다. 여러분들도 모르는 내용이 있으면 학위논문을 검색해 보기를 권한다. 키워드를 입력하면 정말 친절하게 관련된 내용을 검색할 수 있고, 연구자들의 피와 땀이 묻어있는 주옥같은 내용들을 접할 수 있다.

이러한 과정을 통해서 커뮤니케이션에 관한 광범위한 자료를 수집한다.

2) 중심 키워드 작업

광범위한 자료탐색을 통하여 커뮤니케이션 관련 자료 수집을 마친 후에는 중심 키워드 도출을 위한 그룹핑 작업을 한다. 이런 작업을 거쳐야만 커뮤니케이션에 필요한 지식과 스킬을 도출할 수 있다. 이러한 과정을 거쳐 개발된 과정과 그렇지 않은 과정과는 많은 차이가 발생한다. 통상 커뮤니케이션 과정을 검색해보면 커뮤니케이션 과정 앞에 ○○커뮤니케이션이라는 명칭을 많이 볼 수 있는데, ○○커뮤니케이션 과정을 모두 검색한 후 교육프로그램 내용을 비교해 보면 천차만별의 내용을 접할 수 있다. 어떤 과정이 제대로 만들어진 과정인지 정말 분별하기가 어렵다.

필자가 개발한 커뮤니케이션 과정 중심 키워드는 다음과 같다.

```
• 근본적인 키워드  :  차이, 착각(편견, 고정관념), 신뢰
• 2차 키워드      :  경청, 비판, 질문, 설득
• 3차 키워드      :  스타일
```

필자가 제시한 중심 키워드를 설명하면, 일반적으로 커뮤니케이션 능력이 부족하면 경청, 비판, 질문, 설득 등 지식과 스킬에 대하여 학습한다. 기존의 커뮤니케이션 과정에는 이러한 내용도 부족하지만 이러한 지식과 스킬을 학습하고 나면 커뮤니케이션을 잘할 수 있다고 생각한다. 만약 여러분들이 2차 키워드인 4가지 역량을 완벽하게 이해하여 마스터하였다고 생각해보자. 상대방에 대하여 차이를 인정하지 않고, 고정관념을 가지고 있으며, 평소에 상대방에게 신뢰를 보여주지 못했다면, 당신의 커뮤니케이션 역량은 무용지물이 되고 말 것이다. '나, 당신 신뢰 못하겠어!' 한마디 말에 커뮤니케이션은 물거품이 되어버린다. 또한 사람마다 스타일이 다르다. 신중한 사람이 있는 반면에 아주 급한 성격을 가진 분들도 있다. 일반적으로 커뮤니케이션을 할 때 자기중심적으로 행동을 하는데, 커뮤니케이션은 상대방이 있다. 낚시를 할 때도 감성돔을 잡을 때와 붕어를 잡을 때 미끼가 다르다. 즉, 서로의 스타일을 이해하고 커뮤니케이션을 하는 것이 중요하다.

과정개발을 할 때는 중심 키워드를 도출하는 것이 가장 중요하다.

3) 중심 키워드에 대한 내용 작업

중심 키워드가 도출되면 키워드별 내용 작업을 해야 한다. 내용 작업은 그간 광범위하게 수집된 자료를 바탕으로 서론 / 본론 / 결론 순으로 작업을 하면 된다.

키워드별 내용 작업을 위해서는 학습동기이론인 켈러(Keller)의 ARCS모델

학습동기 4요소의 주요 개념

• 주의집중(Attention)	: 학습자가 학습과제에 대해 흥미를 지각하고 있는 정도
• 관련성(Relevance)	: 학습의 필요와 목적에 대한 학습자의 지각 정도
• 자신감(Confidence)	: 학습자의 성공에 대한 신념
• 만족감(Satisfaction)	: 학습자의 성취에 대한 보상

을 이용하면 효과적이다. ARCS모델이란 학습동기의 네 가지 기본 요인인 주의집중(Attention), 관련성(Relevance), 자신감(Confidence), 만족감(Satisfaction)의 머리글자를 따서 붙여진 이름이다.

4) 약방의 감초인 'Tip' 개발 방법

중심 키워드에 대한 내용 작업을 완성하고 나면 뭔가 허전한 감이 있다. 즉, 내용이 너무 재미없다는 의미이다. 음식도 양념이 들어가야 맛을 내듯, 교육과정도 'Tip' 개발이 필수적이다. 어떤 분은 'Tip' 개발이 명품과정을 결정한다고 할 정도로 'Tip'은 과정개발에 있어 중요하다. 필자는, 'Tip'을 개발할 때 가장 참고로 하는 것은 중심 키워드별 도서 목차를 참고한다. 도서 목차를 보면 키워드와 관련이 있는 다양한 사례를 소개하고 있다. 일단 키워드별 'Tip' 리스트를 만들고 관련 서적을 구입하여 탐독한 후, 구체적인 내용 작업에 들어간다.

5) 시각적인 자료(동영상) 개발

'백문이 불여일견'이라는 단어는 교육과정에도 적용된다. 명품과정을 개발하기 위해서는 적재적소에 시각적인 자료가 필수적이다. 필자가 개발한 커뮤니케이션 과정에는 모듈별로 수많은 동영상을 개발하여 활용하고 있다. 교육생들의 반응은 과히 폭발적이다. 그렇다고 과정을 개발할 때 내용은 없고 재미있는 과정만 만들라는 의미는 아니다. 내용도 유익하고 재미도 있다면 금상첨화다. 그러나 적재적소에 동영상을 개발하고 활용하는 것은 그리 간단한 문제가 아니다. 인고의 노력이 필요하기 때문이다.

필자는 동영상 활용을 위해 다큐멘터리, 영화, 드라마, 특집방송 등 수많은 자료를 활용한다. 좋은 동영상을 개발하고 활용하기 위해서는 항상 안테나를 세우고 있어야 한다. 처음에는 무심코 보던 방송들도 교육과정을 개발하면서 하나의 습관이 생겼는데, '저 내용을 어디에 활용할까?'라는 질문을 항상 필자에게 던진다. 질문을 던지면 답이 보인다. 이렇게 해서 하나하나 메모를 하고 필요시 구입하여 활용한다. 어떻게 보면 삶이 너무 삭막하다고 느껴질 때가 있다. 방송을 있는 그대로 보아야 하는데 목적을 가지고 보니 너무 직업적이다. 그러나 방법이 없다. 그렇지 않으면 좋은 동영상을 개발하고 활용할 수 없기 때문이다. 많은 분들이 귀찮고 힘들어서 동영상 개발을 등한시 하고 그냥 말로 대신한다. 그러나 명품은 사소한 것에서 탄생한다.

동영상 활용을 위해서는 편집 툴(Tool) 활용이 필수적이다. 필자가 경험한 쉽고, 유용한 편집 툴은 다음과 같다. 만능 편집 툴은 없다. 몇 가지 편집 툴을 혼용해서 사용해야 한다.

동영상 개발관련 유용한 Tool

편집 Tool	활용분야
MT Video Editor	동영상 자르기, 동영상 붙이기, 사진 활용 동영상 제작
VirtualDub	동영상 자르기
Orbit	동영상 실시간 다운로드
AVI To MPEG	파일형식 변환
그림판	그림 및 사진편집
MAGIC ONE	간단한 동영상 편집
Fast AVI MPEG Joiner	동영상 붙이기(여러 동영상 합본)
Fast AVI MPEG Splitter	동영상 자르기

6) 최종 교육과정 내용 정리는 한 편의 영화처럼

중심 키워드별 교육내용, Tip, 동영상 개발이 완료되면 교육방법 결정(강의 / 토의 / 게임 등)과 모듈별 적정시간을 산정해야 한다. 이때 최종 교육과정 내용은 한 편의 영화처럼 모듈 단계별 흐름이 원활한지, 모듈별 내용이 교육생들에게 현업 적용에 있어 어떤 자신감과 만족감을 주는지를 면밀히 검토해야 한다.

커뮤니케이션 과정 사례(22H 기준, 집합교육)

구분	주요 내용	학습방법	학습시간
모듈 1. 차이	• 차이에 대한 이해 • 자기중심적 사고의 위험성 • Reflection(성찰)	강의 / 사례 / 동영상 / 성찰	2H
모듈 2. 착각	• 커뮤니케이션과 편견, 고정관념 • 인지적 왜곡의 심각성 및 사례 • Reflection(성찰)	강의 / 사례 / 동영상 / 성찰	2H
모듈 3. 신뢰	• 커뮤니케이션 신뢰 행동유형 진단 • 커뮤니케이션 신뢰의 본질 • 커뮤니케이션 신뢰를 위한 행동 • 경험사례 토의 • Reflection(성찰)	강의 / 사례 / 토론 / 동영상 / 성찰	2H
모듈 4. 스타일	• 개인별 행동유형 진단 • 행동유형별 커뮤니케이션 스타일 • 행동유형별 커뮤니케이션 전략 • Reflection(성찰)	강의 / 사례 / 토론 / 진단 / 동영상 / 성찰	3H
모듈 5. 경청의 기술	• 경청습관 진단 • 경청의 기술 • 경청 게임 • Reflection(성찰)	강의 / 진단 / 사례 / 게임 / 동영상 / 성찰	3H
모듈 6. 비판의 기술	• 남을 비판하는 기술 • 자신을 비판하는 기술 • 남의 비판을 수용하는 기술 • 역할극 • Reflection(성찰)	강의 / 사례 / 역할극 / 동영상 / 성찰	2H
모듈 7. 질문의 기술	• 질문의 중요성 • 질문의 기술 • 질문 게임 • Reflection(성찰)	강의 / 사례 / 게임 / 동영상 / 성찰	3H
모듈 8. 설득의 기술	• 설득의 기술 • 설득사례 연구 • 설득 게임 • Reflection(성찰)	강의 / 사례 / 게임 / 동영상 / 성찰	5H

정말 고맙고 감사한 2통의 편지

필자가 소개하는 2통의 편지는 한국기술교육대학교 교양학부에서 필자의 '리더십 커뮤니케이션' 이라는 과정을 수강한 2명의 학생들로부터 받은 편지내용이다.

HRD 담당자로서 교육과정을 개발하고 강의한 보람을 찾을 수 있는 정말 소중한 내용으로 기회가 되면 지면을 빌어 소개하고 싶었다. 간접적으로 필자의 자랑도 되거니와 한 개의 과정을 개발해도 이렇게 과정을 개발해야 한다는 간접적인 메시지가 담겨있다. 원문 그대로 소개하기로 한다.

letter 1

말을 잘하고 싶다.

저는 한기대 메카 4학년 ○○○ 입니다.

현재 한국기술교육대학교라는 공학대학교에 메카트로닉스 공학과에 다니고 있는 저는 역학도, 프로그래밍도, 전자회로도 아닌, 말을 잘하고 싶어 합니다. 컴퓨터보다 사람만나는 것을 더 좋아하고, 전자회로를 설계하는 것보다 대화하는 것을 더 좋아합니다. 이런 좋아하는 것을 할 때에는 시간가는 줄 모르고 좋아하다 보면 그것에 대해 내가 가지고 있는 지식을 확인하고 싶고 배우고 싶어집니다. 그래서 저는 <u>말하는 것을 배우려 '리더십 커뮤니케이션' 수업을 듣게 되었습니다.</u>

교수님? 강사님?

수업 첫날 들어오신 교수님은 소개를 해 주셨습니다. 나누어 주신 소개 경력과 강의 경험들을 계속해서 읽어보았습니다. 나도 모르게 입이 벌어졌습니다. <u>교수님에게 신뢰를 가지게 된 저는 이 수업에 대해 정말 큰 기대를</u> 가지게 되었습니다.

틀리다고 착각하는 나를 신뢰하고 살았다.

수업의 내용은 커뮤니케이션의 근본적인 문제 파악이었습니다.

'틀리다는 것과 다르다는 것은 전혀 다른 이야기이고, 대화할 때에는 상대방이 나와 는 다르다는 것을 인지하여야 한다. 착각에 빠져서 고정관념이라는 틀에 사로잡혀서 는 대화가 이루어지지 않는다. 상대방과 대화를 하기 위해서는 상대방을 신뢰해야 하며, 나의 진실을 보여줘야 한다.'

저는 남들이 말하는 것은 틀리다고 생각해 왔습니다. 작년 1,200명 메카 학부 ○○○ 자리를 맡고 있는 저는 올바른 리더라고 생각했습니다. 하지만 현실의 저는 학생회 임원들은 무조건 내가 하는 말을 잘 따라주어야 하며, 남의 의견은 참고하되 틀렸다 고 생각해 왔습니다. 상대방에게 겉으로 내색하지 않았지만 저를 되짚어 보니 저는 대화의 기본 수칙에 대해서 몰랐습니다. 저는 누구나 '고정관념에 사로잡혀 있다.' 라고 생각했습니다.

하지만 그것을 바꾸려 하지는 않았습니다. 크게 잘못되었다는 생각을 하지 않았기 때문입니다. 하지만 수업을 듣고 나니 고정관념은 대화를 하는 데 있어서 정말 큰 영 향을 주는 것이라는 것을 알게 되었습니다. 잘 차려입은 사람의 대화는 집중하게 되 고, 꾀죄죄한 사람과 대화는 피하게 되는 것처럼 저는 고정관념에 싸여 대화하고 있 었습니다.

하지만 무엇보다도 저에게 가장 부족한 것은 다르다는 것을 인지하는 것도, 고정관 념을 탈피하는 것도 아닌 '신뢰'라고 생각했습니다. 저는 주변사람들에게 큰 신뢰를 얻지 못하는 사람이었습니다. 어느 순간 친구들은 저에게 믿을 수 없는 놈이라는 칭 호를 달아주었습니다. 나 자신이 피해보는 것이 싫어서 숨겨왔던 것들이 결국에는 밝혀지면서 저는 감추는 사람이 되었고, 장난이라 생각해서 거짓을 뱉었던 것들 때 문에 결국 저는 양치기 소년처럼 되었습니다. 어느 날 새벽에 학생회 일 때문에 방에 서 나와 사무실에서 2시간 정도 일을 처리하고, 다시 방으로 돌아간 저에게 주변 사 람들은 친구들 몰래 여자 친구를 만나고 왔다고 했습니다. 저는 학생회 일 때문에 잠 시 사무실에 있다 왔다고 사실을 말했습니다. 하지만 제 친구들은 거짓말 이라며 손 사래를 치며 믿어주지 않았습니다.

예전 같았으면 저는 화를 냈겠지만, 수업을 들은 저는 생각했습니다. '신뢰, 남에게 믿음을 줄 수 있도록 하자. 어려운 일이지만 시작해보자.'

저는 지금도 숨기지 않으려 노력합니다. 조금씩 주변 사람들이 저를 신뢰하는 모습이 보이는 것 같습니다. 예전에는 반색을 하며 손을 휘젓고 거짓말하지 말라던 친구들이 제가 사실을 이야기하면 수긍하는 눈치입니다. 농담보다는 진실을 이야기하기 때문에, 가끔 너무 진지해지기도 해서 친구들이 이상하다고 말하지만 점점 저는 믿을 만한 놈이 되는 것 같습니다. 저는 이전까지 남들과 다르다는 것을 인지하지 않고 살았고, 고정관념이라는 틀에 박혀 있었으며, 무엇보다도 신뢰를 바탕으로 대화하지 않았습니다.

하지만 저는 이 수업을 통해서 점점 나아지려 노력합니다.

말을 잘하는 것보다 중요한 것은 대화

말을 잘하고 싶어서 저는 리더십 커뮤니케이션 수업을 들었습니다. 여전히 저는 말을 잘하고 싶습니다. 하지만 이 수업을 듣고 나서 말하는 것보다 중요한 것은 상대방과 올바른 커뮤니케이션을 하는 것이라는 것을 알았습니다. 그렇게 하기 위해서는 '경청' 해야 한다고 배웠습니다. 상대방의 이야기를 생각하면서 귀담아 들으며, 예의 있는 자세로 상대방에게 내가 정말 잘 듣는 사람이라는 것을 심어주어야 한다는 것을 배웠습니다. 그렇게 상대방에게 경청의 자세를 보여준다면, 천 마디, 만 마디의 말을 하는 것보다도 효과적인 커뮤니케이션이 된다는 것을 배웠습니다. '최고의 화술은 경청에서 시작된다.'고 합니다.

저는 말을 잘하려고 이 수업을 들었지만, 이제는 제가 하는 말을 아끼고 남이 하는 말을 잘 들어, 열 마디의 효과를 내겠습니다.

정말 유익하고 도움이 되는 최고의 수업이었습니다. 감사합니다 교수님.

안녕하세요.^^ 장경택 교수님. 한국기술교육대학교 05분반 ○○○학생입니다.

오늘 드디어 마지막 기말고사를 끝으로 한 학기의 강의를 끝마쳤습니다.

그렇지 않아도 마지막 강의 후에 메일로 감사의 편지 한 통 보내드리려 했는데 앞 분 반에서 학생이 프린트로 뽑아서 제출을 해서 뒷북치는(?) 일이 발생한 것 같아 아쉽습니다.

저는 항상 교수님 바로 앞에 앉아서 수업을 들었던 학생입니다. 이번에 교생실습이 끼어 있어서 1달간 교수님 수업을 듣지 못하고 지난주에 돌아와서 수업을 들었는데, 기억하시나요? 강의 열심히 듣는다고 개인적으로 노력했었는데, 교수님께 제가 어떤 학생으로 비추어졌을지 너무너무 궁금합니다.

저는 사람이 살아가면서 남겨지는 이미지가 가장 중요하다고 생각합니다. 우선 저에게 비춰졌던 교수님의 모습은 감사하고 훌륭하신 모습입니다. 처음 리더십 커뮤니케이션이라는 과목을 수강신청하면서 교양과목 학점을 채우기 위해 신청했습니다. '대충 쉬다 가지~' 또는 '시험만 잘 보면 되겠지?' 라는 생각을 갖고 수업에 들어왔습니다. 하지만 한 주, 이 주 지나가면서 교수님의 '명 강의'를 듣게 되면서 생각이 많이 바뀌게 되었습니다. 어쩌면 처음부터 기대하지 않았던 과목이라 더 그랬던 것 같습니다.

아무래도 대한민국 청년실업을 이끌어가는 4학년이다 보니 취직 준비에, 전공과목에 솔직히 말하면 교양과목은 그저 학점 채우는 과목, 시간 때우는 과목, 잠시 쉬어가는 과목으로 생각하게 되는 어쩔 수 없는 생각을 갖고 있었습니다. 영어다, 전공이다 아등바등 공부하고 있다고 생각했던 저에게 이 과목은 정말 사막 한가운데 오아시스 같은 존재였습니다. 05년도에 입학해서 6년 동안 대학교를 다녔지만 이번 학기 리더십 커뮤니케이션을 수강하면서 처음으로 내가 대학을 다니고 있다는 것을 실감했습니다.

공대 위주로 구성된 우리 학교에서 커뮤니케이션이라는 과목은 생소했습니다. 어쩌면 기술을 더 배워서 자격증 하나를 더 따야 한다는 강박관념을 갖고 있던 저에게 이

과목이 사람이 살아가는 데 있어서 인간관계가 더욱 중요함을 일깨워주는 꿀맛 같은 과목이었습니다. 사실 시중에 리더십과 커뮤니케이션이라는 주제로 많은 책들과 강의가 있습니다. 저도 아직 다른 것은 들어보지 않았지만 교수님께서 직접 개발하신 교육 모듈과 프로그램 그리고 '명 강의'까지 너무나 값진 것들이었습니다. 강의도 강의였지만, 수박 겉핥기식의 커뮤니케이션 강의가 아닌 본질을 꿰뚫고 근본을 다루는 강의, 적제적소에 들어주셨던 예들로 2시간동안 전혀 지루하지 않았던 강의(동영상의 힘이 큰 것 같습니다)가 초등학교 때부터 지금까지 단 한 번도 들어보지 못한 신선한 강의법이었습니다.

이번 학기를 통해서 같은 시간, 같은 에너지를 소비해서 대화를 하더라도 그 근본을 알고 다가선다면 결과는 천차만별이라는 것을 알았고, 이번 강의를 끝으로 끝나는 것이 아니라 더 공부해서 실전에서 사용한다면 그 어떤 자격증이나 스펙보다 저를 한 단계 업그레이드 시켜줄 강력한 강점이 될 것이라 확신합니다.

(수강자 입장에서) 전반적으로 강의는 너무나 훌륭했습니다. 강의를 시작하기 전 그리고 쉬는 시간에 주의를 집중할 수 있었고, 흥미를 유발하기에 충분했던 '세시봉', '음악회 영상' 들이 교수님 수업을 항상 더 맛있게 느껴지게 했던 '애피타이저'였습니다. 강의가 조금도 지루해질 틈이 없게 만들어줬던 대중적인 소재의 예시들과 동영상들이 2시간이 어떻게 흘러가는지 모를 정도로 만들어줬습니다. 짧고 간결한 파워포인트 그리고 어떤 사진작가가 찍은 작품에도 뒤지지 않을 교수님께서 직접 찍으셨던 훌륭한 배경들은 교수님께서 강의를 위해 얼마나 많은 시간과 노력을 투자했는지 느낄 수 있었고, 그러한 노력을 느낄 수 있었기에 더욱이 수업에 집중할 수 있었던 것 같습니다.

교수님의 강의는 거짓말 조~금 보태서 제 대학생활 6년 동안 단연 최고의 강의였습니다. 아부한다 생각하셔도 어쩔 수 없습니다. 사실은 사실이니까요. 아까 시험 끝날 때 교수님께서 다음 학기는 수업을 들어오시지 않으신다고 하셨는데, 내년에는 오시나요? 제가 이번에 교생실습 때문에 듣지 못했던, 한 달간의 강의 아까워 죽겠습니다. 평소 다른 과목 같았으면 한 달 쉬었다고 생각하고 기분 좋게 생각했을 텐데 어디에 가서도 듣지 못할 강의를 한 달이나 빼먹었다는 것이 너무 아깝고 아쉽습니다. 제가 듣지 못한 비판, 질문 그리고 리더십 커뮤니케이션의 꽃인 설득까지 꼭 듣고 싶습니다. 다음에 다시 기회가 된다면 그때 지금 놓친 부분 청강해도 되겠습니까? 만약 오시지 않으신다면 꼭꼭 온라인상으로라도 알려주세요···. ㅠㅠ

옷깃만 스쳐도 인연이라 했습니다. 비록 한 학기의 짧은 인연이었지만, 스승과 제자라는 뜻 깊은 관계로 만나 잊지 못할 수업을 들었고, 제 머릿속 한 곳에 남아있을 수업을 간직할 수 있어서 너무 좋습니다. 언젠간 꼭 다시 만날 날을 기다리며 이만 줄이겠습니다.

아무튼 한 학기간의 수업 너무나도 감사했습니다. 무더운 여름 저희 때문에 올해는 휴가도 없으시겠지만 그래도 가족들과 행복하게 보내시고, 빅뱅을 너무나 사랑하는 아름다운 따님과 함께 꼭!! 아름다운 추억 만드셨으면 하는 바람입니다. 감사합니다!!

(이모티콘 사용해서 죄송합니다. 어른께 사용하지 않는 것으로 알고 있지만 교수님이 따님과 친근하게 지내신다고 하셔서 사용해봤습니다. ^^)

장 박사의 Check Point ✔

명품과정 개발을 위해서는 무엇보다 개발하려는 과정에 대한 중심 키워드를 도출하는 것이 가장 중요하다. 이를 위해서는 광범위한 자료수집이 필수적이다. 필자는 특별히 중심 키워드 도출을 위해 관련분야 논문 탐독을 권한다. 또한 교육의 효과성 배가를 위해 적재적소에 유용한 'TIP' 및 시각적 자료개발이 필요하다. 이를 위해서는 관련분야에 항상 안테나를 세우고 있어야 하며, 동영상을 편집할 수 있는 능력을 길러야 한다. 마지막으로 과정내용이 한 편의 영화처럼 흐름이 원활하고, 교육생들에게 찐한 여운을 안겨주어야 한다.

교육 평가

기업교육 평가의 개념　기업교육 평가의 목적과 필요성

기업교육 평가의 모형　기업교육 평가의 실제적 방법

매년 미국에서는 HRD 관련 학자 및 실무자들을 대상으로 HRD 관련 실천적 성격의 세계 최대 발표회를 개최하고 있는데, 이것이 바로 ASTD(American Society for Training & Development)다. 원어민을 제외한 국가 중 우리나라는 ASTD 참가국 중 단연 최대의 인원이 참가한다.

아마도 ASTD에 자주 참가하신 분들은 강연자 중 단골손님이 한 분 계신다는 것을 발견한다. 교육평가 4단계 모형을 개발한 도날드 커크패트릭(Donald Kirkpatrick) 위스콘신대 석좌교수.

흰머리를 트레이드마크로 수십 년째 평가와 관련하여 강연을 진행하고 있다.

필자도 ASTD에 참가하면 꼭 커크패트릭 교수의 강연을 듣는다.

그만큼 평가에 대하여 HRD 담당자들이 관심이 많고, 목말라 한다는 증거이기도 하다.

그러나 HRD 분야에 어느 정도 근무하고 ASTD에 자주 참가하여 커크패트릭 교수의 강연을 들은 사람들은 실망과 도전의 마음만 가지고 돌아온다.

수십 년 전의 강의내용과 현재의 강의내용이 별반 다르지 않다는 것을….

필자도 여느 HRD 담당자들과 같은 마음이다. 실망과 도전.

필자는 10년 전 커크패트릭 교수의 평가에 대한 강연을 듣고 이론적으로만 제시해 주는 강의내용에 대하여 실질적으로 현업에서 효율적이고 효과적인 평가를 제대로 실천하여 우수사례를 한 번 ASTD에 발표하고 싶다는 생각을 가지고 돌아왔다.

기업교육 평가에 대한 많은 이론과 세미나에서 발표되는 사례들…. 여전히 우리들에게 좌절감과 의문만 던져준다.

평가에 관한한 자신 있게 이렇게 하면 평가를 제대로 할 수 있다고 제시하는 사람이 얼마나 있는가?

실제로 이론을 바탕으로 현업에서 실천하여 성공과 실패한 사례를 제시할 수 있는 사람이 있는가?

과연 기업교육에 있어 평가란 무엇인가?

필자는 HRD 내부 이해관계자들에게 교육프로그램이 그들의 만족하는 정도를 입증시켜주는 것이라 말하고 싶다.

그렇다면 이해관계자들이 원하는 것이 무엇이고, 그것을 어떻게 입증할 것인가?

평가에 대한 필자의 생각과 고민, 해결책을 제시해 본다.

기업교육 평가의 개념

사전적인 정의로 평가(Evaluation)란 사물 또는 그 속성에 대한 가치를 판단하는 활동을 의미한다. 즉, 일정한 준거에 비추어 좋다 혹은 나쁘다고 판단하는 것이다. 따라서 이러한 정의로 볼 때 교육프로그램의 평가란 일정한 준거를 가지고 교육의 투입, 과정 및 산출물에 대한 프로그램의 가치를 조사하고 판단하는 행위라고 할 수 있다.

그런데 평가의 목적이 무엇인가에 따라 평가의 개념도 달라진다. 교육평가의 개념에 대한 전통적인 입장은 가치판단을 통한 등급화(Grading)에 목적을 두고 있다. 즉, 교육평가란 교육을 통해 추구하려는 가치 혹은 목표가 달성된 정도를 결정하는 과정이라고 할 수 있다.

교육평가에 대한 이러한 정의는 교육평가가 교육의 결과 또는 성과를 측정하여 등급을 매기고 우열을 분류하려는 데 치중하고 있다는 비판을 받아 왔다. 교육평가에 대한 정보제공적 관점은 평가의 목적이 '옥석을 가리는 것'이라기보다는 평가자에게 평가대상에 관한 정보를 제공하고 평가대상을 발전시키는 데 일차적인 목적을 두고 있다고 본다. 크론바흐(Cronbach, 1984)는 "교육평가란 교육프로그램에 관한 의사결정을 내리는 데 필요한 정보를 수집하고 사용하는 과정"이라고 정의한 바 있다. 이러한 관점에서 볼 때 교육프로그램의 평가는 그 프로그램을 어떻게 발전시킬 것인가에 대한 의사결정의 중요한 요소라고 할 수 있다.

2003년 한국산업교육학회에서는 교육훈련에 대한 평가를 다음과 같이 정의하였다.

첫째, 교육훈련이 조직 내 인적자원의 능력개발과 수행 증진 및 조직성과 향상에 관계됨을 보여주는 정보를 체계적으로 수집하는 것이다. 둘째, 이렇게 수집된 자료를 교육훈련의 계획, 실천, 개선, 가치 입증에 적용하려는 의도적이고 계획적인 절차다.

네보(Nevo, 1986)는 교육평가에서 가치판단을 전적으로 배제할 수는 없으며, 오히려 뚜렷한 판단 준거에 기초하여 교육대상에 대한 정보제공 및 활용이 이루어져야 된다는 점을 강조하였다. 즉, 교육평가는 "특정한 목적을 가지고 교육의 과정과 성과에 대한 가치와 장점을 체계적으로 조사, 활용하는 과정 및 활동"이라는 것이다. 이러한 주장은 가치판단의 목적과 정보제공의 목적 두 가지 모두를 포괄하는 개념이라고 볼 수 있다.

커크패트릭(Kirkpatrick, 1998)은 "기업교육의 평가란 장래훈련 프로그램 개선에 도움이 되는 정보를 얻어내고 훈련프로그램의 지속 여부를 결정하며, 교육훈련 부서가 조직 목적과 목표에 기여하는 바를 보여줌으로써 그 존재의 타당성을 정당화하는 것"이라고 정의하였다.

또한 필립스(Philips, 2003)는 "평가는 교육종료 후 하는 것이 아니라 프로그램이 실시되기 전에 훈련프로그램의 체계를 구안할 때 평가계획이 수립되어야 한다."고 그 개념을 정의했다.

이렇게 학자들마다 평가의 정의가 조금씩 다르지만 모두 종합하면 기업교육 평가란 교육프로그램과 과정, 운영 등 교육훈련 전 과정에 걸쳐 데이터를 수집하고, 그 데이터를 의미 있는 정보로 전환하기 위한 일련의 체계적인 프로세스라고 할 수 있다. 즉, 교육훈련의 가치를 측정하고자 하는 수단으로서 조직 및 의사결정자 모두에게 투자 효과에 대한 정보를 체계적으로 수집, 분석하여 교육과정의 질적 향상과 효과 향상에 기여하고자 하는 활동인 것이다.

기업교육 평가의 목적과 필요성

교육 담당자가 평가를 하는 목적은 다음과 같다.

첫째, 실시한 교육훈련이 소기의 목적을 달성했는지 확인하고,

둘째, 교육훈련의 테마와 내용, 방법 등이 적절하였는지 확인하여 앞으로의 개선에 반영하며,

셋째, 교육정책 의사결정권자에게 교육부서 및 교육 담당자의 역할을 이해시켜 주기 위한 것이다.

필립스(Phillips, 1991)는 "평가란 어떠한 활동과 과정의 가치, 진가, 의미를 판단하는 과정으로서 HRD 과정을 개선하기 위해서, 혹은 프로그램의 장래성을 판단하기 위해서 행해진다."고 하였다.

또한 길리와 에글랜드(Gilley & Eggland, 2002)는 평가의 필요성을 다음과 같이 설명하고 있다.

- 평가는 품질을 보장한다.
- 평가는 증대된 조직 구성원들의 지식에 공헌한다.
- 평가는 자원의 우선순위를 결정하는 데 도움이 된다.
- 평가는 조직의 문제해결방안을 계획하고 실행하는 데 도움이 된다.
- 평가는 조직 구성원들이 책임감을 갖도록 한다.

> • 평가 결과는 다양한 조직 문제해결방안들의 효과성과 필요성을 입증하는 데
>   도움이 된다.
> • 평가를 해본 경험은 시장성 있는 기술을 빨리 익힐 수 있게 한다.

이제까지 여러 학자들이 주장한 내용을 바탕으로 평가의 목적과 필요성을 종합적으로 정리하면 다음과 같다. 첫째, 문제해결방안이 어떠한 차이를 만들어냈는지, 둘째, 어떠한 활동이 가치 있는 것인지, 셋째, 현업에서의 행동이 어떻게 변화되었는지, 넷째, 구체적인 지식과 기술, 태도에서의 변화가 일어났는지 등을 밝힘으로써 교육훈련의 질적인 수준을 개선·보완하고, 조직의 성과를 향상시키는 것이다.

앞서 평가의 목적에 비추어 볼 때 우리나라 기업은 정보제공의 역할보다는 등급화의 기능을 수행해 왔다. 따라서 그 결과는 직원 개개인의 진급을 위한 자격조건으로 활용되거나 인사고과에 형식적인 요소로 반영되고 있다. 아울러 우리나라 기업들의 교육평가는 평가방법이나 결과의 활용 면에서 초보적인 단계에 머물러 있다고 볼 수 있다.

교육 담당자들은 경영진과 현장 관리자로부터 교육투자가 경영목표의 성취와 어떻게 관련되어 있는지를 실증해 보라는 압력을 끊임없이 받고 있다. 그동안 기업교육 담당자들은 평가에 대하여 전통적이거나 구태의연한 방식만을 취해 왔다. 커크패트릭이 제안한 4단계 평가 모형에만 안주해 왔던 것이다. 그것도 1단계 만족도 평가나 기껏해야 2단계 학습평가 정도에만 머물러 왔다. 훈련의 관점에서 이루어지는 평가 역시 그 나름대로의 의미는 있다. 그럼에도 불구하고, 기업교육의 책무성 관점에서 보면 그것은 매우 불충분하고 미흡할 뿐이다.

평가는 교육에 대한 투자가 조직에 어떤 성과를 가져왔는지를 가늠할 수 있는 주요한 수단이며, 기업교육 담당자에게 위협적일 수 있으나 동시에 기회이다. 엄밀하고 합리적인 평가절차를 통해 기업교육의 가치를 입증할 때 기업교육은

더욱더 확고한 위치를 확보할 수 있기 때문이다. 근자에 ROI에 대한 관심은 많으나 실제 적용의 어려움과 경영성과에 대한 교육 기여도의 객관적 지표 적용의 어려움으로 ROI에 대한 중요성과는 반대로 현실에서는 외면을 당하고 있는 실정이다.

기업교육 평가의 모형

1) 커크패트릭(Kirkpatrick)의 4단계(반응-학습-행동-결과) 모형

1959년과 60년 ASTD(American Society for Training & Development)에 발표된 커크패트릭의 4수준 평가 모형은 기업교육의 평가에 대한 하나의 전범으로 현재까지 널리 활용되고 있다. 최근 4단계 모형에 포함하지 못하는 평가영역을 제기하여 모델 적용의 한계를 지적하기도 하지만, 아직도 많은 기업들이 이 모형을 기본으로 하여 자사 특성에 맞게 변형하여 사용하고 있을 뿐만 아니라, 가장 오랫동안 지대한 영향력을 유지해오고 있는 기업교육평가 모형임에 틀림없다.

〈표 6-1〉 Kirkpatrick의 4단계 평가 모형

4단계 평가	특징
Level 1. 반응도	교육과정에서 참여한 사람들의 훈련에 대한 반응을 평가하는 것으로서 질문지를 통해서 쉽게 자료수집 가능
Level 2. 학습 성취도	참가자들이 훈련과정의 목표를 달성했는지 판단하기 위해 준거기준평가(절대평가) 시험을 치름
Level 3. 현업 적용도	훈련받은 사람들의 달라진 직무수행을 현장에서 직접 관찰하거나 그들의 감독자, 부하, 동료직원들에게 질문함으로써 자료를 수집
Level 4. 경영성과 기여도	훈련을 통해서 얻어진 성과를 밝히는 것(ROI)으로서, 가장 좋은 방법은 통제된 실험이나 다중 회귀분석을 사용하는 것

2) 필립스(Phillips)의 5단계(반응-학습-현업-경영성과-ROI) 평가 모형

필립스는 4단계 조직성과 기여도에서 ROI의 중요성을 강조하면서 그 처리과

정을 5단계 평가 모형을 제시하여 상세히 설명하고 있다.

〈그림 6-1〉 Phillips의 투자회수율 과정 모형

투자수익률(ROI)은 HRD 프로그램에 들어간 비용과 이익을 비교하는 것이다. 즉, HRD 프로그램이 창출한 순이익을 프로그램에 투입된 비용으로 나눈 것이다.

ROI를 수행함으로써 얻을 수 있는 이점은 다음과 같다.

첫째, 고객과 HRD 실무자들은 HRD 프로그램이 창출한 경영성과를 알게 된다. 이전에는 전혀 알 수 없었던 자료를 최상위 수준까지 분석함으로써 투입된 비용 대비 실제 이익을 알 수 있다.

둘째, 경영층으로부터 신뢰를 획득할 수 있다. 관리자들은 대개 자신들이 이해할 수 있도록 손익분기점을 제시하는 프로세스를 선호한다. 따라서 ROI 분석 결과가 지속적으로 프로그램에 적용된다면 경영층은 HRD 투입을 비용이 아닌 투자로서 인식하게 될 것이다.

셋째, HRD 프로세스를 향상시킬 수 있다. ROI를 실행하면서 수집한 많은 자료들을 잘 활용하면 향후 HRD 프로그램의 향상에 많은 도움을 줄 수 있게 된다.

3) 홀턴(Holton) 평가 모형

홀턴(Holton, 1995)의 모형은 기업교육에서의 평가과정에 대한 설명을 하면서,

학습의 전이에 영향을 주는 변인들의 관계를 포괄적으로 설명해준다. 홀턴은 기업교육평가의 대표적인 이론인 커크패트릭의 모형을 분류학적인 모형으로 보고 있다. 커크패트릭의 평가 모형이 분류학적이기 때문에 현상의 기저를 이루는 모든 구인(Construct)을 충분히 밝혀내지 못함으로써 각 단계간의 인과관계가 연구에 의하여 입증되지 못했다는 것이다.

홀턴에 의하면 이렇게 단계간의 인과관계에 대한 연구가 부족한 것은 커크패트릭의 4단계 분류가 인적자원개발의 성과에 대한 분류이기 때문이라고 주장했다. 하나의 분류체계 내에서의 인과관계를 검증한다는 것 자체가 불필요한 것이라고 했다. 홀턴(Holton, 1995)이 제시한 모형을 보면 한 교육프로그램의 성과로서는 첫째, 프로그램에서의 학습, 둘째, 프로그램 참여자의 직무수행의 변화, 셋째, 프로그램으로 인한 결과 이윤의 증가, 이직률의 감소, 결근율 감소, 사기의 증가 등의 세 가지를 구분하고 있다. 이러한 프로그램의 3가지 성과에 1차적으로 영향을 미치는 변인으로는 프로그램 참여자의 능력, 참여자의 학습동기, 프로그램에 대한 반응, 학습결과의 전이동기, 전이설계의 충실도 그리고 기업 외부의 사건 등으로 구분하고 있다. 또한 이들 변인에 대해 2차적으로 영향을 미치는 변인으로는 전이풍토, 학습자 훈련준비도, 학습자의 직무태도, 학습자의 개성 또는 성격 등으로 구분할 수 있다. 요컨대 학습의 전이에 영향을 미치는 1차적인 변인으로는 학습결과, 학습결과의 전이동기, 전이설계 충실도이고, 2차적인 변인으로는 전이풍토이다.

세 가지 성과에 영향을 미치는 변인과 하위변인의 영향력 방향은 〈그림 6-2〉에서 화살표로 나타나 있다. 홀턴은 기존의 분류학적인 준거가 아닌 이러한 변인 간의 상호관계를 평가의 준거로 제시하고 있다. 홀턴의 모형은 아직 실제적으로 검증되진 않았지만 기업교육의 평가과정에 대해 보다 논리적인 접근을 하였고, 특히 직무수행의 전이과정에서 영향을 미치는 변인들에 대해 포괄적인 이해가 가능하도록 모형을 구성하였다.

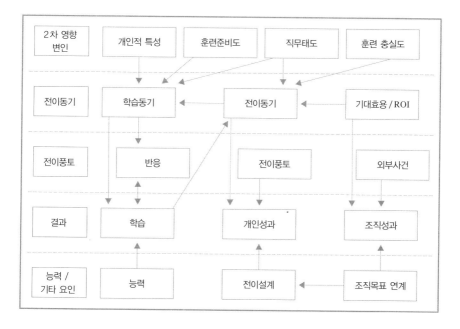

〈그림 6-2〉 Holton의 평가 모형

기업교육 평가의 실제적 방법

기업교육 평가의 개념이 교육프로그램과 과정, 운영 등 교육훈련 전 과정에 걸쳐 데이터를 수집하고, 그 데이터를 의미 있는 정보로 전환하기 위한 일련의 체계적인 프로세스이며, 교육훈련의 가치를 측정하고자 하는 수단으로서 조직 및 의사결정자 모두에게 투자 효과에 대한 정보를 체계적으로 수집, 분석하여 교육과정의 질적 향상과 효과 향상에 기여하고자 하는 활동이라고 볼 때 기업교육 평가는 누가, 무엇을 어떻게 평가할 것인가에 대한 구체적인 내용이 필요하다.

ASTD 자료에 의하면 학습 효과성에 공헌하는 활동을 다음과 같이 표현하고 있다.

학습 효과성에 공헌하는 활동

Pre-Work(교육 전)	Learning Event(교육 중)	Follow-Up(교육 후)
26%	24%	50%

우리는 교육의 전 프로세스인 교육 전, 교육 중, 교육 후 활동 평가를 통하여 기업교육의 이해관계자들에게 가치 있는 정보를 제공하고, 교육프로그램에 대한 그들의 기대를 만족하는 정도를 입증할 의무가 있다.

필자가 제시하는 평가프로세스 및 주요 내용은 다음과 같다.

구분	4단계 평가	주요 내용	평가시기
교육 전	사전 평가	• 학습목표 이해도 • 학습자 교육니즈 반영도 • 학습자 교육 준비도 • 관리자 관심도	교육 전 (학습자)
교육 중	반응도 평가	• 교육 후 과정 만족도(프로그램, 시설, 강사 등)	교육 직후 (학습자)
	학업 성취도 평가	• 교육 후 시험 평가(지식 / 기술 증진 측정)	교육 직후 (학습자)
교육 후	현업 적용도 및 경영성과 기여도 평가	• 액션플랜 실행도 본인 노력도, 상사 / 부서 / 동료 협조 정도, 상사의 부하 육성 노하우, 전반적인 액션플랜 목표달성도 • 지식 / 기술 / 태도의 업무활용도 직원의 역량 향상 정도, 교육과정의 목표 달성도, 성과 부진 사유 등 • 업무성과 기여도 교육이 업무에 기여한 정도, 업무성과에 미친 주요 요인, 교육프로그램이 경영성과에 미친 성과(유형의 성과, 무형의 성과) • 교육프로그램에 대한 제안 교육프로그램 개선, 액션플랜 실행 개선	교육 후 3~6개월 (학습자, 상사)

〈학습자 평가용 설문지〉

1. 액션플랜에 대한 목표달성도는 어느 정도였습니까?

실패	약간 성공	보통	전체적 성공	완전 성공
		◎		

2. 액션플랜에 대한 상사와 동료의 협조는 어느 정도였습니까?

전혀 없음	협조 부족	보통	조금 협조	매우 협조
		◎		

3. 액션플랜 실행계획시 가장 어려웠던 부분은 무엇이었습니까?
   (해당항목 모두 체크)
   ☐ 부서 / 상사 / 동료의 협조 부족   ☐ 업무로 인한 시간 부족
   ☐ 교육내용과 업무환경의 불일치   ☐ 액션플랜 실행기간 부족

4. 현업업무 중 교육프로그램의 지식 / 기술 / 태도 활용도는 어느 정도였습니까?

전혀 없음	조금 활용	보통	많이 활용	매우 많이 활용
		◎		

5. 교육프로그램 내용을 현업업무에 활용하지 않았다면 그 이유는 무엇입니까?
   (4번 항목, 보통 이하 응답자만, 해당항목 모두 체크)
   ☐ 자신의 노력 부족   ☐ 상사 / 동료의 협조 부족
   ☐ 교육내용과 업무환경의 불일치   ☐ 교육내용을 활용할 시간과 기회 부족

6. 교육 이전과 비교해 교육이수 후 교육내용을 현업업무에 활용한 결과 귀하의 역
   량은 어느 정도 향상되었습니까?

전혀 없음	보통 이하	보통	향상	매우 향상
		◎		

7. 교육과정에서 습득한 내용을 현업업무에서 사용을 촉진케 했던 요인은 무엇인
   지 해당항목을 모두 체크해 주십시오.
   ☐ 개인별 인센티브   ☐ 상사의 독려   ☐ 개인개발   ☐ 내부제도(평가, 의무 등)

8. 교육프로그램(활용)이 직·간접적으로 경영성과에 미친 효과를 말씀해 주십시오.

▣ 유형효과(금액) :   원

▣ 유형효과에 대한 구체적인 실적기술

$$\boxed{}$$

▣ 무형효과

$$\boxed{}$$

9. 교육프로그램 및 액션플랜에 대한 개선사항에 대하여 말씀해 주십시오.

▣ 교육프로그램 개선

$$\boxed{}$$

▣ 액션플랜 개선

$$\boxed{}$$

귀하의 성실한 답변에 감사드립니다.

교육프로그램 개선을 통해 직원능력 향상 및 경영성과에 기여하도록 최선을 다하겠습니다.

〈상사 평가용 설문지〉

1. 팀원의 액션플랜에 대한 목표달성도는 어느 정도였습니까?

실패	약간 성공	보통	전체적 성공	완전 성공
		◎		

2. 팀원의 액션플랜에 대해 상사인 귀하는 어느 정도 도움을 주었습니까?

전혀 없음	도움 부족	보통	도움	매우 도움
		◎		

3. 팀원 액션플랜 지원시 어려웠던 부분은 무엇이었습니까?
   (해당항목 모두 체크)

☐ 팀원의 노력 부족   ☐ 업무로 인한 시간 부족

☐ 교육내용과 업무환경의 불일치   ☐ 액션플랜 실행기간 부족

☐ 본인(상사)의 전문성(업무지식, 코칭 스킬 등) 부족

4. 현업업무 중 팀원의 교육프로그램 지식 / 기술 / 태도 활용도는 어느 정도였습니까?

전혀 없음	조금 활용	보통	많이 활용	매우 많이 활용
		◎		

5. 팀원이 교육프로그램 내용을 현업업무에 활용하지 않았다면 그 이유는 무엇입니까? (4번 항목, 보통 이하 응답자만, 해당항목 모두 체크)

☐ 팀원의 노력 부족   ☐ 상사/동료의 협조 부족

☐ 교육내용과 업무환경의 불일치   ☐ 교육내용을 활용할 시간과 기회 부족

6. 교육 이전과 비교해 교육이수 후 교육내용을 현업업무에 활용한 결과 팀원의 역량은 어느 정도 향상되었습니까?

전혀 없음	보통 이하	보통	향상	매우 향상
		◎		

7. 팀원이 교육과정에서 습득한 내용을 현업업무에서 사용을 촉진케 했던 요인은 무엇인지 해당항목을 모두 체크해 주십시오.

□ 개인별 인센티브　□ 상사의 독려　□ 개인개발　□ 내부제도(평가, 의무 등)

8. 팀원이 이수한 교육프로그램(활용)이 직·간접적으로 경영성과에 미친 효과를 말씀해 주십시오.
　▣ 유형효과(금액) : 　　　　　원
　▣ 유형효과에 대한 구체적인 실적기술

　▣ 무형효과

9. 교육프로그램 및 액션플랜에 대한 개선사항에 대하여 말씀해 주십시오.
　▣ 교육프로그램 개선

　▣ 액션플랜 개선

귀하의 성실한 답변에 감사드립니다.
교육프로그램 개선을 통해 직원능력 향상 및 경영성과에 기여하도록 최선을 다하겠습니다.

〈교육 담당자용〉　　　【 교육성과 종합리포트 】

- ▣ 교육프로그램명　：　○○과정
- ▣ 교 육 기 간　：　○○년 ○○월 ~ ○○년 ○○월
- ▣ 교 육 장 소　：　○○
- ▣ 교 육 인 원　：　○○명
- ▣ 설문응답인원　：　교육생(○○명)

〈교육 성과 분석 : 직원〉

Ⅰ. 액션플랜 실행도

1. 액션플랜 실행에 대한 목표달성도

실패	약간 성공	보통	전체적 성공	완전 성공
10%		20%	60%	10%

2. 액션플랜 실행에 대한 상사 / 동료 협조

전혀 없음	협조 부족	보통	조금 협조	매우 협조
	30%	50%	20%	

3. 액션플랜 실행계획시 가장 어려웠던 부분

부서 / 상사 / 동료의 협조 부족(30%)　　　업무로 인한 시간 부족(40%)

교육내용과 업무환경의 불일치(20%)　　　액션플랜 실행기간 부족(10%)

Ⅱ. 교육프로그램 업무 활용도

4. 현업업무 중 교육프로그램 지식 / 기술 / 태도 활용도

전혀 없음	조금 활용	보통	많이 활용	매우 많이 활용
	30%	30%	20%	20%

5. 교육프로그램 현업업무 미활용 이유

자신의 노력 부족(30%)　　　　　상사 / 동료의 협조 부족(20%)

교육내용과 업무환경의 불일치(30%)

교육내용을 활용할 시간과 기회 부족(20%)

6. 교육이수 후 현업업무시 역량 향상 정도

전혀 없음	보통 이하	보통	향상	매우 향상
	20%	40%	20%	20%

7. 교육프로그램이 현업업무 적용을 촉진하게 된 요인

개인별 인센티브(30%)   상사의 독려(10%)

개인개발(30%)   내부제도(평가, 의무 등)(30%)

Ⅲ. 업무성과 기여도

8. 교육프로그램을 활용한 경영성과

■ 유형효과(금액) :   원

■ 유형효과에 대한 구체적인 실적기술

■ 무형효과

Ⅳ. 교육프로그램 개선 및 제안

■ 교육프로그램 개선

■ 액션플랜 개선

〈교육 담당자용〉　　　　　【 교육성과 종합리포트 】

> ▣ 교육프로그램명　:　○○과정
> ▣ 교 육 기 간　:　○○년 ○○월 ~ ○○년 ○○월
> ▣ 교 육 장 소　:　○○
> ▣ 교 육 인 원　:　○○명
> ▣ 설문응답인원　:　상사(○○명)

〈교육 성과 분석 : 상사〉

Ⅰ. 액션플랜 실행도

1. 액션플랜 실행에 대한 팀원 목표달성도

실패	약간 성공	보통	전체적 성공	완전 성공
10%		20%	60%	10%

2. 팀원 액션플랜 실행에 대한 상사의 도움 정도

전혀 없음	도움 부족	보통	도움	매우 도움
	30%	50%	20%	

3. 팀원 액션플랜 지원시 어려웠던 부분

팀원의 노력 부족(30%)　　　　　　　　업무로 인한 시간 부족(40%)

교육내용과 업무환경의 불일치(20%)　　액션플랜 실행기간 부족(10%)

본인(상사)의 전문성(업무지식, 코칭 스킬 등) 부족(10%)

Ⅱ. 교육프로그램 업무 활용도

4. 현업업무 중 팀원의 교육프로그램 지식 / 기술 / 태도 활용도

전혀 없음	조금 활용	보통	많이 활용	매우 많이 활용
	30%	30%	20%	20%

5. 팀원의 교육프로그램 현업업무 미활용 이유

팀원의 노력 부족(30%)

상사 / 동료의 협조 부족(20%)

교육내용과 업무환경의 불일치(30%)

교육내용을 활용할 시간과 기회 부족(20%)

6. 교육이수 후 팀원의 현업업무시 역량 향상 정도

전혀 없음	보통 이하	보통	향상	매우 향상
	20%	40%	20%	20%

7. 교육프로그램이 팀원의 현업업무 적용을 촉진하게 된 요인

개인별 인센티브(30%)　　　　　상사의 독려(10%)

개인개발(30%)　　　　　내부제도(평가, 의무 등)(30%)

Ⅲ. 업무성과 기여도

8. 교육프로그램을 활용한 경영성과

■ 유형효과(금액) :　　　　　원

■ 유형효과에 대한 구체적인 실적기술

■ 무형효과

Ⅳ. 교육프로그램 개선 및 제안

■ 교육프로그램 개선

■ 액션플랜 개선

액션플랜 계획서 샘플_

■ 소속 및 성명	:	○○과정
■ 교육프로그램명	:	기획력개발 과정
■ 교육기간	:	○○년 ○○월 ~ ○○년 ○○월
■ 액션플랜 실행기간	:	○○년 ○○월 ~ ○○년 ○○월

1. 액션플랜을 통한 구체적인 달성 목표

2. 세부실행계획

3. 목표달성 후 예상 효과
■ 유형효과

■ 무형효과

4. 목표달성에 예상되는 장애요인

5. 실행계획에 대한 협조사항(부서 / 상사 / 동료)

장 박사의 **Check Point** ☑

교육평가는 인적자원개발과 관련한 이해관계자들에게 가치 있고 유용한 정보를 제공해야 한다. 먼저 과연 가치 있고 유용한 정보가 무엇인지 담당자는 고민을 해야 한다. 평가는 학습 후 교육프로그램에 대한 만족도, 학업성취도 평가뿐만 아니라 학습 효과성에 영향을 미치는 교육 전, 교육 중, 교육 후 평가를 포함해야 한다. 특히 평가 중 교육 후 현업 적용을 통한 교육프로그램의 실질적 경영성과 기여도에 대한 평가에 대하여 심혈을 기울여야 한다. 유형효과에 대한 정량적 성과 제시도 중요하지만, 현업 적용을 통한 유용하고 가치 있는 정보, 즉 현업 적용에 대한 노력도, 장애요인, 촉진요인, 상사/동료의 협조성 등 다양한 무형효과에 대한 내용을 정량적으로 환산하여 이해관계자들에게 제시하는 것이 무엇보다도 중요하다.

무형적 효과에 대한 실시간 정량적 데이터를 효율적이고 지속적으로 생산하기 위해서는 전산화된 시스템이 절대적으로 필요하다. 즉, 기업교육의 평가를 위해서는 e-HRD시스템 구축이 급선무다. 전산화된 시스템에서 실시간으로 생산되는 교육프로그램 데이터를 상상해본 적이 있는가? 평가를 통해 인적자원개발과 관련한 다양한 이해관계자들에게 가치 있고 유용한 정보를 제공하여 교육의 당위성을 입증하는 것도 이제 불가능한 것은 아니다.

Human Resources Development
know-how

HRD 노하우 **제7장**

경력개발

경력개발(Career Development) 정의 및 목적

경력개발 구조 / 경력개발 딜레마

말도 많고, 탈도 많은 것이 경력개발이다.

안 할 수도 없고, 하자니 제대로 안되고….

국내 기업에서 경력개발제도를 제대로 운영하고 있는 기업사례를 필자는 거의 본 적이 없다. 경력개발에 대한 세미나가 많이 개최되고, 전문가들의 강의내용은 훌륭한데 도대체 경력개발이 제대로 운영되지 않는 이유는 무엇일까?

필자는 언젠가 '공공기관의 경력개발제도 사례' 라는 주제로 인사 담당자 세미나에 초대를 받았다. 경력개발에 관한한 '공공의 적(?)' 이라고 불리는 공공기관의 경력개발제도 사례 발표. 부담이 많았다. 그러나 그간 HRD 담당자로서 HRM 담당자에 대한 마음속에 담아두고 있었던 울분(?)을 토로할 기회를 잡은 것이다.

사례발표 후 인사 담당자들에게 다음과 같은 질문을 던졌다.

여러분들은 경력개발제도 시행 방법을 몰라서 안 하는 겁니까?

아니면 알면서도 안 하는 것입니까?

인사 담당자들의 대답은 말 대신 '멋쩍은 웃음' 이었다.

멋쩍은 웃음의 의미는 무엇이겠는가?

필자의 생각은 대부분 경력개발제도 시행방법을 알고 있으면서도, 실행을 안 한다는 것이다. 알면서도 왜 안할까?

필자의 생각, 인사에 대한 투명성을 싫어해서….

여러분의 생각은 어떠하십니까?

경력개발(Career Development) 정의 및 목적

　경력개발제도는 직원 개개인이 장기적인 경력목표를 설정하고, 이를 달성하기 위한 경력 계획을 수립하여 자신의 능력을 개발하여 나가는 활동으로서, 개인과 조직의 발전에 대한 욕구를 동시에 충족시켜 주는 제도다. 개인이 수행하는 직무는 경력개발의 일부가 되기 때문에, 개인은 직장생활을 통해 성취감과 보람을 느낄 수 있게 되며, 회사는 장기적으로 준비된 훌륭한 인력을 확보할 수 있으며, 체계적인 인사이동을 이룰 수 있다. 즉, CDP의 목적은 개인 관점에서는 개인 경력목표 달성 지원에 있으며, 조직 관점에서는 조직 필요에 따른 인적자원의 최적 활용에 있다.

경력개발 구조

경력개발을 위한 기본 구조에는 경력개발 인프라, 개인개발계획, 경력개발 활용이라는 3단계 구조가 있다.

또한 경력개발을 위해서는 먼저 경력개발에 필요한 기본 인프라가 필요하다. 기본 인프라에 필요한 것은 직무기술서, 역량모델, Career Path, Position Profile, 학습로드맵 등이다. 경력개발 인프라는 경력개발의 원활한 운영을 위해 조직 차원에서 기본적으로 마련해야 정보 자원이며, 경력개발 실행 대상인 조직 내 전 구성원들에게 커리어(Career) 관련 정보를 제공하는 가이드라인 역할을 한다.

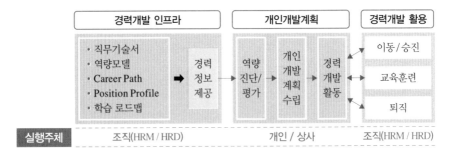

구분	내용	주요 활용처
직무기술서	해당 직무에 대한 정의 및 직무 수행자가 수행해야 할 과제와 작업조건을 기술함	• 직무소개 자료 • 직무평가 및 이동 근거 • 목표설정 및 보상 활용
역량모델	직무분류에 따른 직원의 요구역량을 정의하고, 해당 역량의 정의와 행동사례, 행동지표를 함께 정의함	• 역량평가 • 교육프로그램 운영
Career Path	경력 목표를 설정하고 달성하기 위한 단계적인 이동 경로를 설정하는 데 필요한 가이드 라인	• CDP상 이동계획 수립 • 이동 및 배치의 준거
Position Profile	경력 개발의 목표가 되는 포지션(Position)에 대한 기본 정보 및 역할과 책임, 직무적 필요조건, 후보자 등을 기재함	• CDP상 경력 목표 설정 • 보직자 선발
학습 로드맵	직군/직무별로 필요한 역량에 따라 필요한 교육과정을 기술함	• 전사 교육훈련계획 수립 • 교육프로그램 운영

Ⅰ. 직무개요

1.1 직무정보

직무그룹	직무명	수행조직	역할그룹
인사관리	인력개발	교육원	관리자( ) 스태프( )

1.2 직무정의

기업의 비전달성을 위해 전문성과 리더십을 겸비한 인재양성 및 조직혁신을 선도할 변화추진자 양성을 위해 교육 니즈분석, 프로그램 개발, 설계, 퍼실리테이터, 평가자, 조직변화 촉진자, 경력개발 컨설턴트의 임무를 수행한다.

1.3 역할과 책임

＊조직목표 및 전략과 연계한 인력개발 전략 업무 수행
＊교육니즈 분석 및 교육프로그램 개발 Intervention
＊교육프로그램 개선, 개인개발 및 경력개발, 조직개발, 경영성과 개발 Intervention
   …… 이하 생략

Ⅱ. 직무내용

2.1 직무수행 업무

No.	직무수행 업무	업무비중(%)	성과측정 판단요인
1	교육계획 수립 및 관리	20	경영전략 및 교육니즈 반영의 정확성
2	교육훈련제도 관리	20	현실에 부합하는 교육훈련제도의 타당성
3	조직개발 교육운영	20	교육만족도 및 조직개발 기여도
4	리더십개발 교육운영	10	교육만족도 및 리더십 향상 기여도
＊	…	＊	…

2.2 직무수행 세부업무

직무	직무수행 업무	업무수행절차	산출물
인력개발	교육계획 수립 및 관리	1. 대내외 경영환경 분석	교육 필요점 파악
	교육훈련제도 관리	2. 기존 자료 및 외부트렌드 분석	보완 및 개선사항 파악
	조직개발 교육운영	3. 직원 교육니즈 분석	대상자별 니즈파악
	리더십개발 교육운영	4. 교육니즈 취합 및 시사점 분석	추진과제 설정
＊	…	＊	…

Ⅲ. 직무자격

3.1 필요 지식 및 기술

No.	업무수행관련 지식 및 기술	업무관련 학술적 지식 및 기술
1	기술적 역량 : 성인학습 이해, 목표설정 기술, 훈련개발 이론, 연구능력, 컴퓨터 활용 기술	• 인적자원개발 • 교육공학
2	경영관리역량 : 경영관리 이해, 조직개발이론과 기업의 이해, 자료관리 기술	• 인적자원관리 • 조직행위론
3	대인관계역량 : 협상기법, 커뮤니케이션 능력, 프레젠테이션, 관계형성	• 조직개발론 • 리더십이론 • 경영학
＊	…	…

3.2 직무숙련 소요시간

숙련기간	동일직군	24개월
	타 직군	24개월

3.3 필요 경험 및 이동가능 직무

순위	필요경험 직무	순위	향후 이동가능 직무
1	인사관리	1	인사
2	전략기획	2	전략기획
3	교육기획	3	경영혁신

다음으로 개인개발계획이 필요하다. 개인개발계획은 개인과 상사가 주체가 되며, 개인이 역량 진단을 통하여 부족한 부분에 대하여 개발계획을 세우고 교육과정 이수 등 경력개발 활동을 하는 단계다. 이 과정에서 상사들은 코칭, 멘토링 등을 통하여 부하직원이 경력개발을 원활하게 할 수 있도록 지원을 해야 하며, HRD 파트에서는 필요 역량에 대한 개발 정보 및 프로그램을 제공해야 한다. HRM과 HRD 영역에서의 개인개발계획 활용은 다음과 같다.

HRM	HRD
직무 이동 니즈 파악 및 참고 개인개발계획상의 장기경력목표 및 희망 직무 경로를 파악함으로써 개인 이동발령시 참고함 **Position Profile 및 Career Path 수정/보완** 직원들의 장기경력목표, 현 직무, 직무 경로 및 이에 따른 필요 역량 작성내용을 종합적으로 분석하여 Position Profile과 Career Path의 수정/보완에 참고함	**연간 교육계획 운영 참고** • 연간 교육비 예산 규모 책정시 참고 • 연간 교육팀 운영계획 수립시 참고 **교육 대상자 선발시 참고** 선발 프로그램에 대한 교육 대상자 선발시 참고 **교육니즈 파악 및 참고** 역량별, 직급별 교육니즈 파악 및 필요과정 파악시 참고 **교육관련 제도 및 제공 Data 수정/보완** • 학습로드맵 수정/보완시 참고 • 자기계발 지원제도 수정/보완시 참고

작성일 : 2012. . .

1. 기본인적 사항

소속	교육원	팀명	인재개발팀	직급	4급	성명	홍길동

2. 직무 / 전문가유형

직군	인사관리	직무	인력개발	전문가유형	HR 전문가	역량단계	기초

3. 직무경험

기간	직군	직무	경험기간	부서
2012.04. 현재	인사관리	인력개발	6개월	인재개발팀
2012.01. ~ 2012.03.	기획경영	기획관리	24개월	기획관리팀
2010.01. ~ 2011.12.	경영관리	총무	24개월	경영관리팀

4. 경력설계

☐ 경력목표

기간	연도	희망직군	희망직무	Position	희망근무부서

☐ 필요 역량 및 개발 방법

구분	필요항목	개발 방법
지식		자기학습 / 직무순환
스킬		교육
능력		자격취득

5. 연간 역량개발계획 수립

☐ 현 역량 수준

구분	역량명	현 역량 수준			목표 수준		
인력개발	교육기획	○				○	
인력개발	과정개발	○				○	

☐ 연간 역량개발계획

우선순위	개발역량	역량개발 전략			
		연수 / 세미나	자기학습	일정	
				목표일정	완료일정
1	교육기획	○		3월	5월
2	과정개발	○		6월	9월

6. 상사 코멘트

☐ 상사 의견

마지막 단계는 HRM / HRD 파트에서 직원들의 경력개발 현황을 파악하여 이동과 승진, 교육훈련, 퇴직 등에 경력개발 활동을 활용하는 단계다.

경력개발 인프라와 개인개발계획이 잘 갖추어져 있어도 경력개발 결과를 HRM / HRD 파트에서 활용하지 않으면 무용지물이다. 국내 대기업 대부분이 경력개발에 대한 베스트 프랙티스(Best Practice ; 모범 경영)를 제시하지 못하는 것도 본 단계에서의 활용이 미흡하기 때문이다.

필자가 근무하고 있는 기업도 2002년에 경력개발을 지원하는 시스템과 제도를 만들어 시행해 오고 있다. 입사 3년차가 되면 주경로(본인이 향후 성장할 경로)를 선정하여 역량 진단 후 부족한 역량에 대하여 역량 강화계획을 수립하고 맞춤형 교육과정을 수강한다. 시행 초기에는 직원들로부터 많은 관심을 받아 시행하였는데, 문제는 본인의 경력개발 결과를 인사, 교육 분야에서 활용을 제대로 하지 못했다. 그 이후로 몇 년간 경력개발제도는 암흑기를 맞이했다.

여러분의 조직을 생각하시면서 경력개발 구조에 대한 성숙도를 한 번 점검해 보십시오.

경력개발 구조 성숙도 진단

경력개발 구조	성숙도		
	상	중	하
경력개발 인프라			
개인개발계획 활동			
경력개발 활용			

경력개발 딜레마

1) 경력개발은 누구를 대상으로 하며, 트랙(Track) 운용은 어떻게 할 것인가?

경력개발 담당자들의 고민 중 하나는 경력개발 대상자 범위를 정하는 것이다.

일반적으로 경력개발 대상자를 전 직원으로 했을 경우 가장 큰 문제점 중의 하나는 조직 내 요직 부서에 대한 개인 선호도에 따라 수요와 공급의 불일치 문제라고 할 수 있다. 개인과 조직의 수요, 공급 불일치는 궁극적으로 개인에게는 경력개발의 상실감, 조직 입장에서는 역량개발에 대한 인적·물적 피해를 가져다 준다. 또한 핵심인재육성을 목적으로 경력개발 대상자 범위를 정할 경우 대다수 직원들은 경력개발에서 소외되어 조직위화감을 가져다 줄 수 있다. 이분법 사고로는 이 문제를 해결하는 데 많은 어려움이 따른다.

이 문제를 해결하기 위해서는 경력개발에 대한 오해를 짚고 넘어가야 한다.

일반적으로 담당자들과 직원들이 생각하는 경력개발은 어떤 포지션(Position)으로 가기 위해서는 반드시 조직 내 정해진 특정 직무에 대한 경로, 즉 커리어 패스(Career Path)에 따라 경력개발을 해야 한다는 생각을 가지고 있다. 이러한 경력개발 경로는 사기업에서 소수의 집단을 대상으로 차세대 리더군을 양성하는 방법에는 적합할 수 있다. 그러나 경력개발은 한 분야의 전문가가 되기 위해서 입사에서 퇴직시까지 특정 직무분야에만 근무하는 것도 경력개발이고, 특정 포지션으로 이동하기 위해 계획적인 경로를 따라 경력개발을 하는 것도 해당된다. 즉, 경력개발의 대상자 범위를 정하기 위해서는 커리어 트랙(Career Track)과 맞물려서 움직여야 유연성을 확보할 수 있다.

일반적으로 Career Track은 전문 Track, 일반 Track으로 분류할 수 있다.

전문 Track은 직군 내에서 이동할 수 있는 프로페셔널 트랙(Professional Track)과 직렬 내에서만 이동할 수 있는 엑스퍼트 트랙(Expert Track)으로 구분할 수 있다. 일반 Track은 직군 간, 직렬 간 이동이 가능한 형태를 말한다.

① 입사 때부터 퇴직시까지 사무직, 영업직, 생산직으로 구분하여 입사한 경우

영업직, 생산직은 직렬 내에서만 이동할 수 있는 전문 Track인 Expert Track으로 경력개발을 하면 된다. 사무직은 전문 Track과 일반 Track 내에서 경력개발을 할 수 있는데, 이 과정에서 경력개발 담당자는 자사의 경력개발 유형을 I형과 T형으로 구분하여야 한다. I형일 경우 입사 초기 직군간 이동을 허용하고 본인의 적성과 능력에 맞는 직렬분야를 선택하여 관리자가 되기까지 전문경력개발을 한다. T형으로 경력개발 유형을 정했을 경우 입사시부터 직군 내에서 직렬을 선택하여 관리자가 되기까지 전문경력개발을 한다. 사무직의 경우 I형, T형 유형에 관계없이 경력개발 대상자 범위의 유연성을 담보하기 위해서는 각 직렬별 승진에 대한 일정부분 쿼터제가 필요하다. 만약 쿼터제가 담보되지 않으면 승진에 유리한 직렬만 선택하려고 하기 때문에 경력개발에 대한 유연성 확보는 매우 어렵게 된다.

또한 각 직렬별 이동에 따른 직무 전문성 및 업무 연속성 확보를 위해 일정부분 각 직렬별 전문직제도를 활성화하는 것도 필요하다.

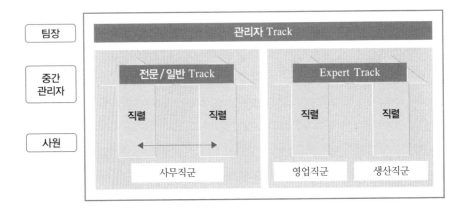

② 입사 때부터 퇴직시까지 생산직만 구분하여 입사하고 사무직, 영업직 구분
　이 없이 입사한 경우

　생산직은 직렬 내에서만 이동할 수 있는 전문 Track인 Expert Track으로 경력
개발을 하면 된다. 사무직과 영업직은 일반 Track 및 전문 Track 내에서 경력개
발을 할 수 있는데, 이럴 경우 일반적으로 경력개발 담당자는 王유형을 적용한
다. 전자와 마찬가지로 경력개발 대상자 범위의 유연성을 담보하기 위해서는
각 직렬별 승진에 대한 일정부분 쿼터제가 필요하다. 만약 쿼터제가 담보되지
않으면 승진에 유리한 직렬만 선택하려고 하기 때문에 경력개발에 대한 유연성
확보는 매우 어렵게 된다. 또한 각 직렬별 이동에 따른 직무 전문성 및 업무 연속
성 확보를 위해 일정부분 각 직렬별 전문직제도를 활성화하는 것도 필요하다.

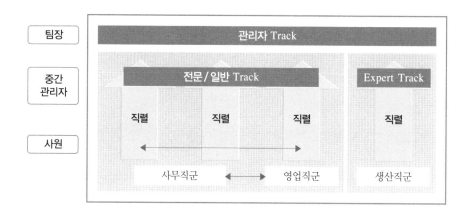

　결론적으로 조직 내에서 경력개발 대상 범위를 정할 때는 조직의 인적자원 구
성을 먼저 검토한 후 전문 Track, 일반 Track으로 운용할 수 있는 자원을 검토해
야 한다. 자원 검토 후 전 직원을 대상으로 하는 경력개발제도를 수립할 때는 직
군·직렬별 승진에 대한 일정 쿼터제 및 직무의 전문성, 연속성을 확보하기 위
해 일정부분 전문직제도를 운영하는 것이 필요한데, 이럴 경우 경력개발에 대
한 직원의 만족도 및 조직의 최적 인적자원 활용 제고가 가능하다. 아울러 직
군·직렬별 핵심인재 육성을 통해 자기주도적인 경력개발을 유도하고자 한다

면 객관적 전문가 기준을 통한 분야별 핵심인재 풀(Pool) 선발을 한 후 조직에서 인재를 활용한다면 좋은 방안이 될 수 있다.

2) 각 포지션별 객관적 평가기준을 어떻게 정할 것인가?

경력개발 대상 및 직무범위를 정한 후 고민사항은 각 포지션별 객관적 평가기준, 즉 커리어 레벨(Career Level)을 정해야 한다. 커리어 레벨을 정하는 것은 조직 내에서 많은 논쟁을 불러일으킬 수 있다. 학력이 높다고 반드시 직무분야에서 전문성을 확보했다고 볼 수는 없기 때문이다. 각 포지션별 객관적 평가기준을 정하기 위해서는 먼저 전문가의 정의를 살펴볼 필요가 있다. 통상 전문가란 관련분야에 대한 전문적인 지식과 경험 그리고 뛰어난 성과를 도출한 사람을 말하고 있다. 구체적으로 분야별 자격기준을 보면, 지식은 관련분야 학위(석 / 박사), 자격증(기사, 기술사 등), 10,000시간 이상 관련 직무분야 교육이수, 경험은 관련분야 최소 10년 이상, 성과는 관련분야 특허, 저술, 특별한 성과 등을 요구하고 있다. 통상 Career Level은 4단계로 구분할 수 있다.

수준	정의
Level 1 (초보자)	• 업무에 대한 초보 수준으로 타인의 도움이 필요한 수준 • 지속적인 해당 직무에 대한 집중적인 기본 육성과 개발이 요구되는 수준
Level 2 (실무자)	• 독자적 역량발휘 및 업무수행, 제한적 정보를 가공·활용하는 수준 • 지속적으로 실무에 대한 전문 지식개발이 요구되는 수준
Level 3 (준전문가)	• 해당 직무역량에 대한 전문성과 관련 직무로의 응용이 가능하고 타인을 지도할 수 있는 수준 • 전문성 강화를 위한 육성과 경력개발이 요구되는 수준
Level 4 (전문가)	• 해당 직무에 대한 탁월한 성과와 타인을 지도함은 물론 관련 부문 업무를 개발하고 발전시켜 나갈 수 있는 수준 • 육성보다는 자기계발(학습)을 통한 지속적인 성장이 필요한 수준

Career Level 4단계를 구분한 후, 담당자가 결정할 일은 단계별 자격기준을 정하는 일이다. 자격기준을 정할 때에는 통상 학력, 기술자격, 실무경력, 교육

이력, 수상, 저술, 강의경력을 바탕으로 하면 편리하다. 다만, 각 기준별 가중치를 정할 때에는 직원들에게 설문조사를 하는 것이 필요하다. 직원별로 기준에 대한 생각이 다르고, 기준의 수용도를 높이기 위해서는 설문조사가 반드시 필요하다.

자격기준에 대한 세부내용은 아래 내용을 참고하면 도움이 된다.

자격기준	개념	지표	반영비율
학력	관련분야 석사, 박사	석사 / 박사 차등	
기술자격	해당업무 기사, 기술사, 노무사 등	기사, 기술사 수준 차등	
실무경력	해당 직무분야 내·외부 경력	연수별 차등화	
교육이력	해당 직무분야 교육이수 실적	직무별 표준학습 시간 수	
수상경력	대내외 직무분야 수상실적	사내외 수상	
저술	업무관련 저술 경력	저술 권수	
강의	업무관련 대내외 강의 실적	강의 시간	
합계			100%

장 박사의 Check Point ✓

경력개발제도를 효율적이고 효과적으로 운영하기 위해서는 기본적으로 경력개발에 필요한 정보인프라를 구축하여야 한다. 인프라 구축 후에는 역량개발을 효율적으로 하기 위해 필요한 시스템, 이해관계자별 역할을 점검하여야 한다. 마지막으로 경력개발에 가장 중요한 활용단계에서는 직원들의 경력개발 현황을 분석, 개인 경력개발 목표 달성도를 수시로 체크하고, 지원방안을 연구하며, 조직에서 최적의 인적자원을 활용할 수 있도록 이동배치, 프로젝트 수행, 전문가 선발 등 다양한 인사분야에 실질적으로 활용하여야 한다. 경력개발을 어렵게만 생각하지 말고 각 이해관계자별 역할만 제대로 인식하고 수행한다면 한층 진일보한 경력개발제도를 운영할 수 있다.

Human Resources Development
know-how

핵심인재 육성

핵심인재 관리 현황　핵심인재의 정의　핵심인재 선정 및 관리

요즘 인적자원개발 분야에서 핵심인재육성은 생략할 수 없는 주제 중 하나다.

핵심인재육성은 비단 최근에 부각된 주제만은 아니다.

경쟁이 치열한 환경에서 핵심인재는 조직 전체를 지탱하고 먹여 살릴 수 있는 파괴력을 가지고 있기에, 모든 조직에서 핵심인재를 육성해야 한다고 한목소리를 내고 있다.

그러나 정작 핵심인재를 육성하는 체계, 핵심인재를 우대하는 제도는 국내 몇 개 기업을 제외하고는 핵심인재의 측면에서 보면, 언제라도 기회만 주어지면 더 좋은 조건을 찾아 이직하려는 마음을 불러일으키는 상황을 제공하고 있다.

우리 모두는 핵심인재에 대한 시각을 다시 한 번 조명해보아야 한다.

때론 당연한 것을 우리는 잊고 산다.

조직에 많은 가치를 제공했다면 더 많은 급여와 승진이 주어져야 한다.

조직에 적은 가치를 제공했다면 더 적은 급여와 승진에 대한 불만을 가져서는 안 된다. 핵심인재 덕분에 조직에서 아직도 자신이 급여를 받고 안정된 직장생활을 할 수도 있으니 말이다. 한 마디로 핵심인재를 키우고, 그에 합당한 대우를 해주어야 한다.

그리고 핵심인재에 대한 대우에 대해서 배 아파 말아야 한다. 자신이 배 아프면 자신도 핵심인재가 되면 된다.

요즘 가끔 구인광고를 보면 핵심인재에 대하여 그냥 '날로 먹겠다?' 는 광고를 자주 접한다. 요구사항은 거창한데 대우는 형편없다. 꼭 도둑놈 심보다. '대충 대우하고, 대충 직원을 뽑아서, 대충 성과를 내겠다.' 는 생각은 버려야 한다. 이런 조직은 결코 일류조직이 될 수 없고, 지속적으로 성장, 생존할 수 없다.

혹시 여러분의 조직도 핵심인재에 대하여 대충(?) 대우하고 계십니까?

핵심인재 관리 현황

국내 모 컨설팅기관에서 조사한 국내 A사의 핵심인재 관리 현황은 상당히 심각한 수준을 보이고 있다.

현업에 필요한 우수인재의 유치가 용이하다.	9%
기회가 되면 나도 다른 회사로 가겠다.	44%
퇴직자 중에는 우수한 인재가 많이 있었다.	69%
현 종업원의 능력은 질적으로 취약하다.	69%

현재와 같은 문제가 발생하고 있는 주요 원인은 다음과 같다.

첫째, 분명하고 매력적인 커리어 비전(Career Vision)을 제시하지 못하고 있다.

둘째, 보상, 평가, 승진 등 인사시스템의 경쟁력이 취약하다.

셋째, 직장관의 변화(연봉, 일과 개인생활의 조화 등)

핵심인재의 확보, 육성, 유지를 위해서는 다음 4가지 원칙 실행이 필요하다.

첫째, 최고 경영자를 비롯한 모든 관리자들이 인재 풀(Pool)의 질에 대해 책임을 져야 한다.

둘째, 회사의 문화, 직무구조가 핵심인재를 확보 / 유지할 수 있는 환경으로 만들어야 한다.

셋째, 핵심적인 실무경험 중심의 직무순환, 코칭 & 멘토링을 통해 인재육성을 가속화해야 한다.

넷째, A, B, C급의 직원에 대한 투자를 차별화하고, 이를 모든 구성원들에게 천명하고, 실질적으로 운영하여야 한다.

핵심인재의 정의

'전문성'과 '바람직한 태도'를 갖추고, '높은 성과'를 내는 직원을 핵심인재라고 할 수 있는데 단순히 전문지식이 높은 '전문가'와는 다른 개념이다. 즉, 핵심인재는 다음과 같은 자격을 갖추어야 한다.

1) 전문성

첫째, 업무에 대한 높은 수준의 지식과 경험을 가지고 있어야 함

둘째, 해당 분야에서 대체가 불가능하거나 대체가 어려운 역량 보유

셋째, 전략적으로 중요한 핵심직무에 대한 전문성에 한정

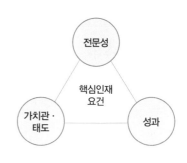

2) 가치관 및 태도

첫째, 바람직한 윤리의식과 공정한 사고방식의 소유

둘째, 업무에 대한 열정과 조직에 대한 충성도가 높아야 함

셋째, 창조적으로 문제를 해결하고 변화를 선도할 수 있어야 함

넷째, 조직 및 사람 관리에 있어서 (잠재적) 리더십 보유

3) 성과

해당 분야에서 가시적인 실적을 보여 주여야 함

선진기업의 핵심인재 정의 및 선발 요건

구분	GE	TOYOTA	IBM	SONY
핵심 인재 정의	• 높은 성과를 내는 인재 중 잠재력이 높은 인재 • 경영프로, 차세대 리더, 창조적 소수를 의미 • 전체 인력 중에서 상위 10%~20% 인력	• 반복적으로 높은 성과를 내는 인재(과장급 10%, 차장급 3%, 부장급 1.5% 정도) • 전 세계 3백 개 주요 포스트 대상으로 후계자 승진 플랜	• Senior Leadership Team (총 임원 중 Top 300명) Executive Resources, Technical Resources • NextGen : 미래의 임원 혹은 핵심 직무 담당자로서의 잠재력을 보유한 인력(450명) • Top Talent : 조직별 상위 5~10% 인재	• 비연속적 발상을 할 수 있는 창조성을 지닌 사람
핵심 인재 선발 요건	• 성과 및 리더십 평가 결과에 따라 핵심 인력군으로 편입하거나 탈락시킴 • Session C (인사평가위원회에서 최종 선정) • 리더십 평가는 매니저급 이상 간부와 임원층을 대상으로 실시 • 9가지 GE Value에 대한 평가	• 각 직급 상위 우수자 중 부사장급 추천을 받아 Toyota Institute 글로벌 양성과정 입과 • 매년 15명의 부장급 이상 우수자를 Senior Executive 개발 프로그램 대상자로 선발	• For Senior Leadership Team : 회장과 회장 직속라인에 의해 임명 • 연 2회 종합고과(성과, 역량) • 지속적인 관리 하에 언제나 in & out 가능 (한 번 SLT라고 영원한 SLT는 절대 아님)	• 핵심보직에 요구되는 역량(지식, 스킬, 경험, 인성)을 기준으로 선발 • 사람이 아닌 핵심보직을 정하고 이에 맞는 인재 양성 • 소속부서 및 부서장 지명. 주변 부서장, 인사부 추천, 공모에 의해 선발되며 최종결정은 CEO가 함 • 매년 평가를 통해 후보군 조성

자료 : Mercer HR Consulting

자료 : Mercer HR Consulting

구분	LG	삼성	한국타이어	Posco
핵심 인재 정의	경영능력, 경력, 성공체험, 지식, Skill, 리더십, 건강을 갖춘 자로서 미래의 경영진 관리자로 반드시 유지/육성해야 할 인재	보유기술, 가치 및 성과가 뛰어나 필히 유지해야 할 인재	성과가 우수하고 리더십을 갖춘, 회사가 필히 유지해야 할 인재	• 부분별 Leading 인력 • 전략분야 인력
핵심 인재 선발 요건	• 부장~대리 중 2년 연속 성과등급 SS, AS, SA • TOEIC 600 이상, 40세 이하	• 연봉평가등급 '나' 이상 • 역량고가 'B' 이상	대리 / 부장	N/A

자료 : Mercer HR Consulting

핵심인재 선정 및 관리

1) 일정 수준 이상의 '전문성'과 '바람직한 태도'를 갖추고, '높은 성과'를 내는 직원을 우수인재로 선정하여 관리

첫째, (전문성) 경력, 자격, 학력, 전공, 교육이력 등

둘째, (가치·태도) 도덕성, 열정, 창조적 자세, 리더십 등

셋째, (성과) 해당 분야에 대한 구체적인 업무실적

2) 핵심인재 선정체계

① 바람직한 가치관·태도를 갖추고, 전문가 수준의 전문역량을 가진 직원은 핵심인재 그룹으로 관리

– 보유 역량에 대한 보상 및 역량 발휘의 기회 제공

② 가치관 · 태도는 높으나, 전문성이 부족한 직원은 잠재후보
  - 교육과 도전의 기회를 제공하여 능력 발전

③ 가치관 · 태도에 문제가 있으면서 전문성은 높은 직원
  - 핵심인재 그룹에서 제외(장기적으로는 조직에 해악을 주게 될 가능성)

3) 핵심인재 선정방법

프로파일 매치업을 통한 객관적인 전문성 평가 후 도출된 전문가 그룹을 대상으로 자질 · 성과를 평가하여 핵심인재 선정

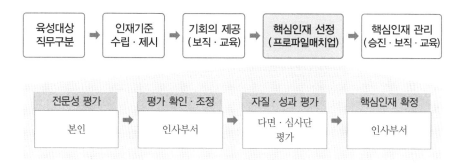

4) 전문성 평가

① 전문성 평가기준의 요건
  - (객관성) 기준이 객관적이어야 직원들의 수용성을 높일 수 있음
    - 사람의 주관에 의한 평가보다 계량화된 점수로 산정 필요
  - (통용성) 사내 · 외, 더 나아가 국제적으로 인정될 수 있어야 함
    - 실무경력(career), 자격(certificate), 학위(degree), 교육(training) 등
  - (상호보완성) 전문가가 되기 위한 여러 요건을 종합적으로 고려

‒ 실무경력 없이 학위나 자격증 보유만으로는 전문가에 부적합

② 전문성 평가기준
- 실무경력, 자격, 학력, 교육이력 등 직무분야별로 계량 평가
- 프로파일 평가 결과 산정된 점수에 따라 전문가 단계 구분

점수	전문가 구분	비고
15점 이상	최고전문가(Top Expert)	10년 경력 & 박사 · 기술사
12~15점 미만	전문가(Expert)	10년 경력 & 석사
10~12점 미만	잠재전문가(Potential Expert)	

- **최고전문가** : 해당분야 10년 이상 근무하고, 박사 · 기술사 보유 수준
- **전문가** : 해당분야 10년 이상 근무하고, 석사 보유 수준 또는 해당분야 7년 이상 근무하고, 박사 · 기술사 보유 수준

전문성 평가기준

선정기준	평가방법

실무경력	• 직무분야 관련 내 · 외부 경력에 대해 매년 1점씩 부여
	• 1년~10년 이하의 경력에 대해서만 산정
	  ‒ 학습곡선을 고려하여 실무경력 인정기간을 제한
	• 관련분야 교육파견 기간은 실무경력에 포함
	  ‒ 업무병행 교육기간 중 관련 보직경력도 동일
	• 관련분야 근무경력은 월 단위까지 산정

자격	• 관련분야 기술사 수준 자격증 5점
	  ‒ 회계사, 변호사, 감정평가사 수준의 자격 포함
	• 기타 일반적으로 전문성이 인정되는 자격증 2점
	  ‒ AICPA, PMP 수준의 자격증

학력	• 관련분야 박사 학위 5점, 석사 학위 2점 ‒ 동일 분야 석 · 박사 동시 소지자는 박사만 인정
교육	• 관련분야 내 · 외부 교육이수 1학점에 대해 0.05점 부여 • 단, 10학점~60학점까지 인정(최대 3점)

③ 전문성 평가방법
- 실무경력, 자격, 학력, 교육이력 등 개인의 프로파일을 관련 직무분야별

로 각각 매치하고 점수화하여 계량 평가
- 자질 및 성과 평가
  - 평가대상 : 전문성 평가 결과 전문가그룹 이상
  - 평가방법 : 절대평가 및 다면평가
  - 별도 다면평가를 실시하여 결과 반영
  - 동일부서 근무자 다면평가 + 분야별 심사단 평가
- 평가항목
  - 바람직한 가치관 및 태도의 보유 수준
    ① 윤리의식과 도덕성
    ② 업무에 대한 열정과 조직에 대한 충성도
    ③ 창조적인 자세와 리더십
  - 해당분야에 대한 업무실적 및 성과
- 선정기준 : '태도' 및 '성과'에 대한 평가 결과 모두 80점 이상인 직원

5) 핵심인재 관리

① 일과 교육을 통한 우수인재의 경력개발 지원 제도화
  - 필요한 내용은 인사규정에 반영하여 지속적, 일관적 시행

② 핵심인재의 회사 몰입도 향상 및 보상관리 방안 수립
  - 평가 및 보상 강화로 회사에 대한 역량 발휘 극대화

③ 핵심인재의 보직관리
  - 핵심인재는 일률적인 순환보직에서 제외
  - 성장경로를 제시하고, 보직을 통한 체계적인 경력관리 지원
  - 경력개발계획에 따라 필요한 보직을 수행하도록 유도

- 본인의 전문역량을 발휘할 수 있는 기회 제공
- 해외기관 파견근무를 통한 글로벌 역량 향상 등

④ 다양한 교육 기회의 제공
- MBA 등 필요한 학위과정을 이수할 수 있도록 지원
- 필요 역량을 발전시킬 수 있는 특별과제를 부여하고 평가
- 코칭 및 멘토링 등을 통한 능력 발전 기회 부여

장 박사의 Check Point ✓

핵심인재를 육성하기 위해서는 먼저 핵심인재의 중요성을 인식하고, 아울러 핵심인재에 대한 정의(전문성, 가치관 및 태도, 성과)에 대한 개념을 정립해야 한다.

다음으로 핵심인재 선정을 위한 전문성 평가에 대한 기준을 마련해야 한다.

전문성 평가기준은 실무경력, 자격, 학력, 교육이력에 대해 직원 설문조사를 통하여 가중치를 정하고 계량점수를 데이터화해야 한다. 그리고 어느 일정 점수에 도달한 인재들을 대상으로 자질 및 성과평가를 통하여 최종 핵심인재로 선정, 관리하면 된다. 가장 중요한 것은 핵심인재들에게 지속적인 동기부여를 통해 성과창출을 유도하고 조직에 충성할 수 있는 토대를 마련해야 한다.

핵심인재와 평범한 직원들을 동등하게 대우한다면, 조직에서 무임승차자, 사회적 태만, 의무회피와 같은 바람직하지 않은 조직문화를 형성하여 결국에는 핵심인재들이 조직을 떠나는 결과를 초래한다.

HRD 노하우 **제9장**

e-HRD 시스템

e-HRD시스템의 개념 / e-HRD시스템의 필요성 / e-HRD시스템 도입 현황

e-HRD시스템 바탕 이론 / e-HRD시스템 전체 구조도

e-HRD시스템 전체 프로세스 / e-HRD시스템 모듈별 이해관계자 활동

2002년. 필자가 근무하는 교육원에 신임 원장님이 부임하였다.

그분은 조직 내에서 자타가 공인하는 전략전문가였다. 부임 첫날, 그분은 필자를 원장실로 불러 다음과 같은 말씀을 하셨다. "나는 교육에 대해서 잘 모르지만, 내가 컴퓨터에 접속하여 역량을 진단하고 부족한 역량에 대하여 맞춤식 교육을 받기 위한 방법은 없을까?" e-HRD시스템 개발은 이렇게 시작되었다.

필자는 원장님의 말씀에 앞서 요구한 내용에 대해 이미 개략적인 계획을 가지고 있었다. 필자가 2000년도에 미국에 1개월간 인적자원개발전문가 과정을 이수하면서 〈포춘(Fortune)〉 500대 기업의 여러 HR부서를 벤치마킹한 바 있었다. 어느 기업을 방문하였는데, 필자의 눈에 번쩍 띄는 교육시스템을 구경하게 되었다.

마음속으로 "후일 우리 기업에도 개발해서 적용해야지."라는 마음을 가지고 돌아왔다. 필자는 시스템 개발을 위해 2002년도에 바로 미국으로 날아갔다. 시스템 전반에 대한 기술을 전수받고 나서 국내로 돌아온 필자는 시스템 개발을 위한 화면설계를 독자적으로 수행하였다. 무에서 유를 창조하는 순간이었다.

경력개발, 역량 진단, 역량 강화계획, 교육신청으로 구성된 시스템을 독자적으로 개발, CRP(역량 강화계획 ; Competency Reinforcement Plan)시스템을 탄생시켰다. 2004년도에 CRP시스템은 인재육성시스템 '역량 강화 방법'이라는 명칭으로 비즈니스 모델(BM) 특허를 취득하게 되고, 필자는 '발명가'로 특허청에 등록되는 난센스 같은 일이 발생했다. 이후 필자는 연구를 계속하여 CRP시스템의 부족한 부분인 교육 이수 후 현업 적용을 위한 '액션플랜', 액션플랜 후 현업 적용 교육성과를 측정하는 '교육성과모니터링' 시스템을 추가로 개발하였다.

CRP시스템은 역량 진단에서부터 교육성과측정에 이르는 모든 프로세스를 전산화시킨 국내외에서 유일한 e-HRD시스템이 된 것이다. 이후 민간 대기업, 공공기관으로부터의 벤치마킹 대상이 되었고, 많은 외부교육기관으로부터 CRP시스템에 대한 국내 보급(로얄티 지급) 사용권을 요청해 왔다. 그간 필자도 국내 e-HRD시스템이 역량 진단 – 경력개발 – 교육신청 프로세스 수준에 머물고 한 번 구축 시 막대한 비용을 지불해야 한다는 점과, 비용은 차치하고라도 프로세스 단계가 학습 효과성 프로세스와 비교해보면 기존 시스템도 이벤트 성격을 벗어나지 못한다는 점에 안타깝게 생각하고 있었다. 2011년 필자가 몸담고 있는 기업에서는 외부교육기관의 CRP시스템 기술이전 요청을 받아들여 로열티를 받고, e-HRD시스템 효시가 된 CRP시스템을 세상에 오픈하게 되었다.

e-HRD시스템의 개념

    교육을 효과적으로 실시하기 위해서는 교육에서 발생하는 활동 등을 지원해 주는 교육시스템의 개발과 운영이 필요하다. 이러한 교육시스템을 통상 기업에서는 e-HRD시스템이라고 통칭하고 있으며, 크게 3가지 서브(sub)시스템으로 영역을 나눌 수 있다.

    첫째, LMS(Learning Management System)는 e-Learning, 집합, 독서통신 등을 학습하고 관리할 수 있는 시스템을 말하며, 많은 기업에서 도입하여 사용하고 있는 e-Learning시스템이 이에 해당한다. 그러나 일반적인 e-Learning시스템은 학습방법이 e-Learning인 과정만을 지원하며, 최근엔 기타 학습과정의 정보를 열람하고 수강신청을 할 수 있도록 확장되고 있는 추세이다.

    둘째, LCMS(Learning Contents Management System)는 학습을 위해 필요한 각종 교육과정 및 강사, 강의실, 기타 지식 콘텐츠 등을 관리하기 위한 시스템으로 강의 저작 툴을 포함한다. 통상 LCMS는 LMS의 보조적인 기능을 제공하는 시스템을 말한다.

    셋째, LSS(Learning Support System)는 직무, 직군 등의 체계와 역량 진단 및 성과분석 등을 관리하기 위한 시스템으로서 좀 더 체계적인 인재개발을 지원하기 위한 시스템을 말한다. LSS를 통해 도출된 여러 진단 결과들은 역량개발을 위한 당위성을 제공하게 되며, LSS의 결과들을 토대로 체계적인 학습을 가능하게 한다. LSS는 직무 및 기업의 역량체계가 시스템 도입 이전에 수립되어야만 정상적인 운용이 가능하다.

e-HRD시스템의 필요성

인적자원개발의 선진성을 도모하기 위해서는 e-HRD시스템 도입이 필수적이다. 다양한 조직구성원의 요구를 소수의 HRD 실무자가 충분히 감당하기에는 역부족이기 때문이다. 또한 국내 기업의 경우 대부분 인적자원개발 담당자들의 평균 보직 연한은 5년을 넘기지 못하고 있어, 업무에 대한 전문성 부족 초래, 업무의 노하우 축적 어려움 및 인적자원개발업무에 대한 일관성을 유지하기가 어려운 구조로 되어 있다.

e-HRD시스템의 궁극적인 목적은 인재육성전략과 교육운영 및 관리를 통합하여 연계함으로써 기존의 운영관리 중심의 교육시스템에서 탈피하여 역량기반의 체계적인 인적자원개발을 지향하고 있다. 이러한 e-HRD시스템의 필요성은 다음과 같이 요약할 수 있다.

첫째, 집합, e-Learning, 독서통신, 블렌디드 러닝 등 다양한 형태의 학습방법을 시스템에서 제공·관리할 수 있으며, 이를 위한 다양한 교육과정 콘텐츠가 외부의 콘텐츠 제공업체 또는 콘텐츠 서비스 기관으로부터 지속적으로 제공된다. 이로 인해 직원들은 하나의 HRD시스템을 통해 자신의 역량에 맞는 교육과정을 쉽고 빠르게 검색하고 이를 학습할 수 있다.

둘째, 능력개발을 위한 체계적인 교육이 가능하다. 이는 e-HRD시스템이 기본적으로 역량기반의 교육을 지향하고 있으며, 이로 인해 직원들은 자신의 직무에 필요한 역량을 확보하기 위해 무엇을 준비해야 하며, 어떤 교육·훈련과 개발을 목표로 할 것인가를 명확히 이해할 수 있다. 또한 부서장은 조직 구성원의 역량육성을 체계적으로 계획하고 관리할 수 있는 기반을 마련해 준다.

셋째, 회사에 필요한 인재를 빠르게 검색하고 관리할 수 있다. 이는 e-HRD시스템을 통해 직원의 교육이력, 프로젝트 수행이력, 보유기술, 수상경력, 해외연수이력, 자격, 근무경력 등을 관리하기 때문이며 기관의 CEO 및 부서장은 핵심인재 및 필요 인재를 빠르고, 쉽게 검색할 수 있으며, 핵심 전문가 풀(Pool)을 관리할 수 있다.

넷째, 핵심역량 중심의 육성형 CDP(Career Development Program)가 가능하다. 이는 HRD시스템이 개인 스스로가 경력목표를 설정하고 경력개발계획을 수립하여, 경력을 개발해가는 자율적인 프로세스를 지원하고 있기 때문이다.

다섯째, 최신의 지식 콘텐츠를 반영할 수 있다. 대부분의 e-HRD시스템이 교육과정 이외에 도서, eBook, 비즈니스 리포트, 교육 동영상, 세미나 정보 등을 외부의 콘텐츠 공급자로부터 제공받기 때문에 최신의 정보를 접할 수 있고, 이로인해 정체되지 않은 지식을 접함으로써 개인의 역량 향상을 지속적으로 향상 시킬 수 있는 기회를 제공받을 수 있다.

여섯째, e-HRD시스템의 가장 중요한 부분인 인적자원개발 활동과 관련된 내부 이해관계자의 기대사항과 역할을 효율적이고 효과적으로 수행할 수 있도록 도움을 준다.

e-HRD시스템 도입 현황

1) 국내외 구축현황

e-HRD시스템은 현재 국내 기업을 중심으로 활발히 구축, 운영되고 있다. e-HRD시스템 현황은 〈그림 9-1〉e-HRD시스템 구축률을 보면 알 수 있는데, 전반적으로 대기업(47.1%), 공기업(35.5%)이 높은 것으로 나타났으며, 중소기업(20.2%), 대학(18.5%)의 순으로 나타나고 있다.

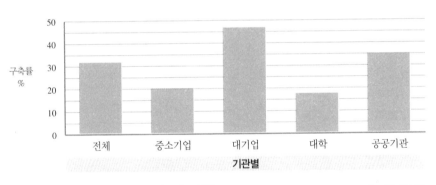

〈그림 9-1〉 e-HRD시스템 구축률   자료 : 인재개발 실태조사 보고서, (주)엑스퍼트컨설팅(2008)

e-HRD시스템 구축 범위는 〈그림 9-2〉에 나타난 바와 같이 대부분의 기관에서 전사 교육실적관리(24.4%), 개인별 교육이력관리(22%)에 가장 많이 활용되는 것으로 나타났다.

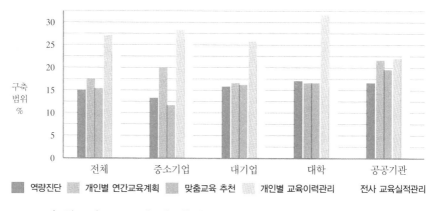

<그림 9-2> e-HRD시스템 구축 범위　자료 : 인재개발 실태조사 보고서, (주)엑스퍼트컨설팅(2008)

2) 국내 e-HRD시스템의 시사점 및 고려사항

① 시사점

대기업 및 공공기관을 중심으로 전략적 인적자원개발을 위해 e-HRD시스템의 필요성을 인지하고 활발히 도입, 추진되고 있으나, 기존의 LMS(학습이력관리시스템)에서 기능을 담당했던 교육실적관리, 교육이력관리에 치중하고 있다. 최근에는 국내 e-HRD 공급업체 중심으로 전략적 인적자원개발과 연계한 역량진단, 맞춤형 교육과정 제공, 경력개발계획 프로세스 등이 추가되어 e-HRD시스템 분야가 진일보하고 있다.

그러나 현재 국내업체가 제공하고 있는 e-HRD시스템도 HRD 관련 조직 내 이해관계자들의 다양한 기대사항과 역할을 충분히 반영하지 못하고 있으며, 특별히 실질적으로 전략적 인적자원개발에 중요한 역할을 담당하고 있는 일선 관리자들이 교육 전·후에 역할을 수행할 수 있는 프로세스가 없고, 직원들이 현업에 교육이수 후 능동적으로 학습한 내용을 적용시키고, 실천할 프로세스가 없다. 아울러 인적자원개발의 가장 중요한 목적 중의 하나인 교육성과 측정부분에 대한 프로세스가 없어 전반적인 국내 e-HRD시스템은 많은 연구와 개선이 필요하다.

② 고려사항

e-HRD시스템을 도입하는 가장 중요한 목적은 '기업의 생존성 보장을 위한 인적자원 확보(육성)'에 있다. 따라서 필히 인재육성전략과 연계된 e-HRD시스템 도입이 동시에 검토되어야 한다. e-HRD시스템 도입을 위해서 우선적으로 고려할 사항은 다음과 같다.

첫째, 교육운영에 초점을 맞추기보다 전략적 인적자원개발에 중점을 두어야 한다. 많은 e-HRD시스템의 맹점은 바로 교육운영의 전산화에 역점을 두고 추진한다는 것이다. 그러나 보다 중요한 것은 기업의 생존을 위해 인적자원을 어떠한 분야에서 얼마만큼의 수만큼 어느 시점까지 육성해 내야 하는가에 대한 계획과 실행관리이다. 그래야 단·장기적인 인재육성의 현황과 추가계획을 수립해 나갈 수 있다.

둘째, 전략적 인적자원개발을 구현해 내기 위한 전략적 의사결정 데이터를 충분히 제시해 주어야 한다. 교육과정, 수료시간, 수료인원, 경비 등은 결코 전략적 데이터가 될 수 없다. e-HRD시스템을 도입하는 목적은 결국 조직구성원의 육성과정과 그 현황을 제대로 파악하고 필요한 의사결정을 통해 필요한 인재를 적기에 양성해 내는 데 있다. 이러한 목적성에 부합하는 의사결정 데이터를 충분히 제공해 주는가를 고려해야 한다.

셋째, 인적자원개발의 목적인 개인개발, 경력개발, 조직개발, 수행관리를 효율적·효과적으로 실현할 수 있는 시스템이 되어야 한다. 기존의 e-HRD시스템이 특정분야에만 치우쳐 인적자원개발의 당초 목적을 달성하지 못한 언밸런스적인 시스템 구축으로 비용, 효과적인 측면에서 많은 낭비를 초래하였다.

넷째, 다양한 HRD 내부 이해관계자들의 기대사항과 역할을 반영한 시스템 구축이 필요하다. 기존의 HRD시스템은 교육 담당자 위주로 구축되어 운영 및 관리 측면에 초점을 맞춘 것이 사실이다. 궁극적으로 HRD가 지향하고자 하는 전략적 인적자원개발을 위해서는 다양한 HRD 내부 이해관계자들의 가치와 기대사항을 만족함과 더불어 그들의 역할도 충실히 이끌어 낼 수 있는 시스템 구축이 필요하다.

다섯째, 현업실천과 교육성과를 측정할 수 있는 e-HRD시스템 구축이 필요하다. 기존 대부분의 e-HRD시스템은 역량 진단에서부터 교육실행까지 주안점을 두고 있는데, 무엇보다도 교육이 경영의 전략적 파트너가 되기 위해서는 현업실천도를 높이고 유 · 무형의 경영성과를 측정하고 피드백할 수 있는 시스템 구축이 급선무라고 할 수 있다.

여섯째, HRM과의 강한 연계가 필요하다. 인재육성은 인재채용과 더불어 필요 인재를 확보하는 방법이기 때문에 인재채용, 평가, 경력관리 등과 연계되어 구현되어야 한다.

e-HRD시스템 바탕 이론

e-HRD시스템이 전략적 인적자원개발 지원을 위해서는 기본적으로 각 이해관계자들의 관점(기대사항 및 역할)과 전략적 HRD가 요구하는 사항을 각 모형 단계에서 제시함은 물론, 각 모형 단계를 뒷받침하는 이론적 토대도 아울러 요구된다. 과학적 설명에서의 핵심적인 과제는 인과관계, 즉 원인과 결과 사이의 관계를 밝혀서 그 결과로 발생하는 현상을 설명하는 것이 필요하다. 필자가 개발한 e-HRD시스템에서 각 프로세스 간 인과관계 파악은 다음과 같은 몇 가지 이유로 중요하다.

첫째, 각 프로세스 간 인과관계 파악을 통해 e-HRD시스템은 각 이해관계자들에게 전략적 인적자원개발 목표 달성을 위한 구체적인 방법을 제시한다. 이를 통해 각 이해관계자들은 하위의 개별 프로세스에 대한 목표 달성이 상위의 전략 목표 달성에 어떻게 도움이 되는지를 파악할 수 있게 되고, 구체적인 액션을 취할 수 있게 된다.

둘째, 프로세스 간 인과관계 파악을 통해 현재 활용되고 있는 프로세스가 실제 전략 목표 달성에 효과가 있는지 판단할 수 있다. 즉, 프로세스 간의 인과관계 분석을 통해 현 전략 실행에 있어 부족한 요소가 어디인지, 또한 전략이 제대로 수립되었는지도 알 수 있게 된다.

셋째, 프로세스 간 인과관계는 다른 프로세스와의 관계성을 보여준다. 즉, 개별 프로세스들이 어떻게 연계되는가를 보여줌으로써 각 프로세스들이 하나의 전략을 향해 나아갈 수 있도록 해준다. 결국 프로세스 간의 인과관계를 인식하지 못하고 프로세스를 관리하면 원하는 결과를 얻을 수 있을지라도 그것이 전략적 인적자원개발 성과에 전혀 도움이 안 될 수도 있는 것이다.

　필자는 이러한 관점에서 일반적으로 인적자원개발 활동의 프로세스인 교육 전-교육 중-교육 후 프로세스에 필요한 이론을 제시하고자 한다. 먼저 e-HRD 시스템프로세스 전반에 적용된 이론은 시스템 이론이다. 시스템 이론은 인과관계를 형성하는 핵심 요소들을 투입, 과정, 산출로 개념화될 수 있다고 보았다. 시스템 이론에서 각 하위 요소들은 각각의 목표를 토대로 역할을 수행하되 각 요소들 간의 상호작용을 통해 전체체제의 목적을 달성해 나가게 된다.

　다음으로 인간행동에 대한 몇 가지 이론들은 필자가 개발한 e-HRD시스템에 있어 학습전이 요소에 대한 동기부여를 명확히 할 뿐만 아니라 현업 성과향상에 공헌하는 행동들을 이해하고 예측하는 데 도움을 준다.

　피욜과 릴리스(Fiol & Lyles, 1985)는 학습을 "더 나은 지식과 이해를 통해 행동을 개선하는 프로세스"로 정의했는데, 즉 실천을 통해 행동을 개선하지 않으면 진정한 학습이라고 할 수 없다. 이러한 맥락에서 필자는 e-HRD시스템 개발시 실천학습에 대하여 검토를 하였으며, 마지막으로 기업교육 평가 검토를 통하여 교육성과에 영향을 미치는 다양한 변인들과 각 프로세스 간 인과관계의 중요성을 검토하였다. 다음의 〈그림 9-3〉은 필자가 e-HRD시스템을 개발하면서 적용한 인적자원개발 프로세스인 교육 전-교육 중-교육 후 주요 이론들이다.

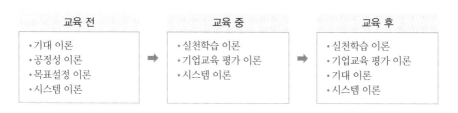

교육 전	교육 중	교육 후
• 기대 이론 • 공정성 이론 • 목표설정 이론 • 시스템 이론	• 실천학습 이론 • 기업교육 평가 이론 • 시스템 이론	• 실천학습 이론 • 기업교육 평가 이론 • 기대 이론 • 시스템 이론

〈그림 9-3〉 인적자원개발 프로세스별 주요 이론

e-HRD시스템 전체 구조도

　전략적 인적자원개발 모형을 구현하고, 시스템의 효율성과 효과성을 제고하기 위해 역량육성모듈, 교육운영관리모듈, 통계관리모듈을 바탕으로 하였다. 역량육성모듈에서는 직원과 관리자의 상호작용 강화를 통하여 효율적으로 역량개발을 도모하도록 하였고, 경영층은 관리자, 직원, HRD 담당자, 인사 담당자에게 역량육성을 독려하고 피드백하는 활동을 하도록 하였다. 인사 담당자들은 관리자와 직원들이 역량개발을 효율적으로 활동하게끔 지원토록 하였다.

　교육운영관리모듈에서는 역량개발을 효율적으로 지원하기 위한 각종 모듈을 관리하도록 하였다. 또한 통계관리모듈에서는 역량육성모듈에서 산출된 각종 데이터를 각 이해관계자들이 전략적으로 의사결정을 하는 데 유용하도록 통계를 관리하도록 하였고, 통계관리모듈과 인사시스템을 연동토록 하여 인적자원개발과 인사관리가 정합성을 갖도록 하였다. 아울러 역량육성모듈이 그룹웨어와 연동할 수 있도록 하여 조직의 다양한 정보에 접근할 수 있도록 구성하였고, 아울러 MBO, OJT, e-러닝시스템, 사외교육시스템 등과도 연계하여 효율적으로 학습을 할 수 있도록 하였다.

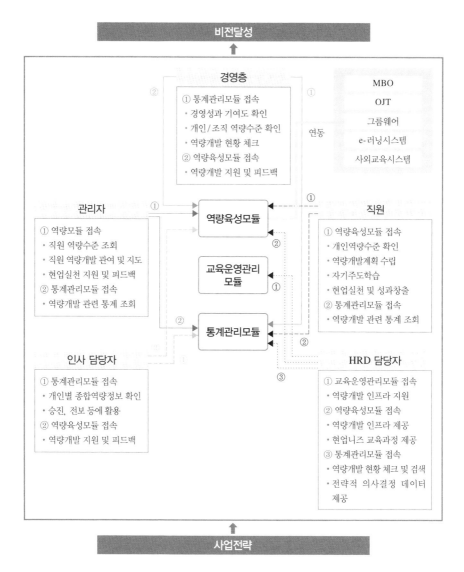

〈그림 9-4〉 전략적 e-HRD시스템 전체 구조도

e-HRD시스템 전체 프로세스

e-HRD시스템 프로세스별 주요 활동 및 주요 내용은 다음과 같다.

프로세스	성장경로 선택	역량 진단	역량 강화 계획 수립	교육신청	학습실행	액션플랜	교육성과 모니터링
주요 활동	• 성장경로 설정	• 공통역량 • 리더십 역량 • 직무역량	• 부족 역량 향상 계획 수립	• 역량별 교육 신청	• 집합 • 사이버 • 위탁 등	• 교육 전, 교육 후 1주일 이내	• 교육 후 3~6개월
주요 내용	• CDP활용 • 상사 개입	• 진단을 통한 역량 강화, 자료 제공	• 상사 개입 • 개인 니즈 반영	• 상사 개입 • 개인 니즈 반영	• 개인개발	• 상사 개입 • 개인학습 책임 강화 • 현업 적용	• 개인/상사 참여 • 교육성과 측정 • 교육성과 피드백

e-HRD시스템 모듈별 이해관계자 활동

모듈별 이해관계자들의 활동 내용을 구체적으로 설명하면 다음과 같다.

1) 직원 활동

　기존의 역량육성모듈은 교육 전 활동으로 역량 진단, 역량강화 계획, 교육신청으로 구성되어, 교육입교 전 사전학습 활동 및 학습목표 설정이 계획이 없어 교육에 대한 목표의식이 부족하고, 직원들이 무의식적으로 교육에 참여하여 교육 효과성에 문제점을 나타내었다. 또한 경력개발에 대한 계획 수립 프로세스는 있으나, 실제적으로 인사 분야에서 활용하는 제도나 개인별 객관적인 역량 정보가 없어 경력개발에 어려움이 있었고, 아울러 교육 후의 활동이 학습 효과성에 절대적 영향을 미침에도 불구하고 기존 모듈에서는 교육 후 이렇다 할 활동이 전무했다. 이에 필자는 학습 후 액션플랜을 통하여 학습한 내용을 현업에 적용·실천하고, 교육성과 모니터링을 통하여 실제로 학습 후 액션플랜 실천도, 학습내용의 업무활용도, 업무성과 기여도에 대한 유·무형효과를 측정할 수 있는 시스템을 개발하였다.

　아울러 교육 전, 교육 후 직원 역량개발 활동에 관리자가 관여하여 직원과 상호 피드백을 통한 역량개발의 효과성을 제고하도록 하는 시스템을 개발하였다. 먼저 역량육성모듈에서 직원이 활동하는 주요 내용을 살펴보면 다음과 같다.

　직원들은 역량육성모듈에 접속하여 향후 조직 내 본인 성장 경로를 탐색 후 경로선정을 한다. 이때 관리자로부터 성장경로 선택에 대해 조언과 피드백을 받는다. 성장경로 선택 후 각 경로에 대하여 역량 진단을 한다. 역량 진단은 직원 자신만 한다. 이유는 역량 진단을 순수한 능력개발 분야에서만 활용하기 때문이다. 직원 자신의 역량 진단 결과를 인사 분야에 활용하면 진단에 대한 관대화, 객관화에 문제가 발생하기 때문이다.

역량 진단 후 직원은 본인의 역량 진단 점수를 확인, 부족한 역량에 대한 역량 강화계획을 세운다. 이때 관리자로부터 적절한 역량 강화계획을 수립할 수 있도록 피드백을 받는다. 역량 강화계획 수립 후 직원은 교육부서에서 제공하는 역량별 교육과정을 검색, 교육신청을 한다. 이때 직원은 교육신청 현황을 시스템에서 관리자에게 송부하고, 관리자로부터 본인의 역량 수준을 고려한 적절한 교육과정 신청 여부에 대하여 조정, 승인을 받는다. 교육 명령을 받은 후 직원들은 본인들이 신청한 교육과정에 대하여 HRD 부서에서 제공하는 사전학습 및 학습목표를 시스템상에 입력한다. 입력된 학습목표는 관리자가 조회, 적절한 동기부여를 위한 피드백을 받는다. 학습은 교육부서에서 제공하는 다양한 교육 방법으로 진행된다.

교육 후 직원들은 일정기간(교육 후 일주일 이내) 안에 학습에서 배운 지식과 스킬, 태도 등을 현업에 적용하고 실천하는 액션플랜 계획을 수립한다. 액션플랜 계획에는 목표달성을 위한 세부계획, 현업 적용 후 기대되는 예상 유·무형 효과에 대하여 기술하며, 아울러 부서, 관리자, 동료들에게 현업실천 계획에 필요한 협조사항, 장애요인 등을 기술한다. 이때 관리자로부터 본인의 액션플랜 계획에 대한 적절한 피드백을 제공받는다.

액션플랜 계획 수립 후 현업업무에 적용하고 실천한 내용을 시스템상에서 작성한다. 현업실천 기간은 통상 3개월 범위 내에서 결정한다. 현업실천 실적에는 학습내용을 현업에 실천한 구체적인 내용과 주요 성과, 장애요인을 기술한다. 이때 관리자로부터 실제로 본인들이 현업에 성과를 도출했는지에 대하여 점검, 피드백을 받는다. 액션플랜 3개월 후 직원은 이수한 교육과정에 대하여 교육성과 평가를 실시한다. 평가는 직원, 관리자가 동시에 실시한다. 평가내용에는 액션플랜 실천도에 대한 전반적인 평가와 지식, 스킬, 태도의 업무활용도, 업무성과 기여도(유 · 무형효과), 성과도출에 적용된 노하우, 교육프로그램에 대한 개선 등 다양한 내용들이 평가된다. 또한 교육성과 결과에 대하여 HRD 담당부서로부터 피드백을 받는다. 역량육성모듈 활동의 모든 프로세스 데이터는 통계관리모듈로 전송되어 관리된다. 한편 역량육성모듈 단계별로 상위 프로세스를 진행하지 않으면 다음 단계로 이동할 수 없도록 설계되어 있다. 아울러 직원들은 필요시 통계관리모듈에 접속하여 역량개발과 관련된 다양한 정보를 검색, 활용할 수 있다. 〈그림 9-5〉는 직원의 활동 내용을 나타내고 있다.

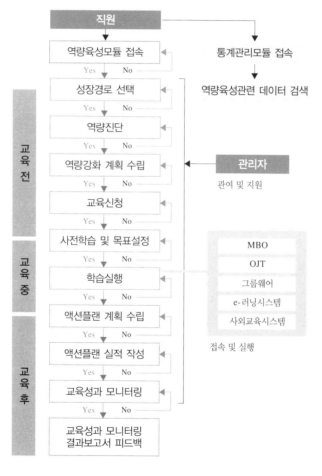

〈그림 9-5〉 직원 활동 내용

2) 관리자 활동

전략적 인적자원개발을 위해서는 관리자의 역할이 필수적이다. 그들은 조직 내에서 파워를 가지고 있으면서도 인적자원개발에 대하여는 몰입과 관여가 부족한 실정이었다.

필자가 개발한 e-HRD시스템에서는 직원들의 역량개발을 위해 관리자가 관여하고 지원할 프로세스를 개발하였다.

먼저 관리자는 역량육성모듈에 접속하여 직원들의 장래 성장경로 계획을 검색 후 직원들과의 면담을 통해 성장경로를 확정한다. 다음으로 직원들의 역량수준을 조회한 후 직원들이 계획한 역량 강화계획에 대하여 조정, 피드백을 한다. 또한 직원들이 신청한 교육과정을 검색, 역량 수준별로 적절하게 교육신청을 하였는지를 확인 후, 조정·승인을 한다.

다음으로 직원들이 교육 입과 전 신청한 교육과정에 대한 사전학습 과제 및 학습목표를 확인, 격려, 피드백을 한다. 학습이수 후 관리자들은 직원들이 수립한 액션플랜 계획을 확인, 적절한 지도와 피드백을 하고, 아울러 직원들이 현업에 적용한 학습내용 실적을 점검, 적절한 피드백을 한다.

관리자들은 3개월 후 직원들이 학습한 내용인 액션플랜 실적을 토대로 업무능력 향상도, 경영성과 기여도 등 다양한 분야의 내용에 대하여 성과 평가를 실시한다. 평가를 실시한 내용 결과에 대하여 HRD 담당자로부터 역량육성모듈을 통하여 피드백을 받는다. 아울러 관리자들은 필요시 통계관리모듈에 접속하여 역량개발과 관련된 다양한 정보를 검색, 활용할 수 있다.

〈그림 9-6〉은 관리자의 활동 내용을 나타내고 있다.

3) 경영층 활동

경영층의 활동은 주로 통계관리모듈과 역량육성모듈에서 이루어진다. 먼저 경영층은 통계관리모듈에 접속하여 부서별 교육실시 현황, 역량강화 계획 실행률, 액션플랜 실행률, 교육성과 모니터링 실행률을 검색하여 역량육성모듈을

직원	관리자	
성장경로 선택	역량육성모듈 접속	통계관리 모듈 접속
역량진단	경로선정 면담 및 피드백	역량육성관련 데이터 검색
역량강화 계획 수립	역량수준 조회	
교육신청	역량강화 계획 수립 면담 및 피드백	
사전학습 및 목표설정	교육신청 조정 및 피드백	
학습실행	목표설정 피드백	
액션플랜 계획 수립	학습실행 지원	
액션플랜 실적 작성	액션플랜 계획 조회 및 피드백	
교육성과 모니터링	교육성과 모니터링	
교육성과 모니터링 결과보고서 피드백	교육성과 모니터링 결과보고서 피드백	

(세로 레이블: 교육 전 / 교육 중 / 교육 후, 중앙 화살표: 관여 및 지원)

〈그림 9-6〉 관리자 활동 내용

통하여 부족한 부분들에 대하여 관리자들에게 부하 육성책임 및 직원들이 학습한 내용을 현업에 적용하여 성과를 도출하도록 독려하고 피드백을 하는 활동을 한다. 아울러 직원들에게는 학습한 내용을 현업에 실천하여 업무성과를 도출하도록 독려하고 격려하는 활동을 한다.

HRD 담당자들에게는 관리자 및 직원들이 효율적으로 역량개발을 도모할 수 있도록 최적의 교육 인프라를 제공하도록 독려하고, 교육성과 피드백 보고서를 토대로 경영성과 기여도가 낮은 부분에 대해서는 원인 분석을 통해 최적의 해결점을 도출하도록 독려한다. 인사 담당자들에게는 역량개발을 통해 수집된 개인별 종합역량정보를 토대로 승진 및 전보, 배치에 활용할 수 있는 제도적 장치를 마련하고, 실질적으로 경력개발이 효율적으로 진행될 수 있도록 직원들에게 동기부여를 하고, 자기 주도적으로 학습할 수 있는 환경을 제공할 수 있는 제도를 마련하도록 독려한다. 아울러 경영층은 MBO에 접속하여 전사 전략 이슈에 대한 실행 여부를 체크하고 피드백하는 활동을 한다.

〈그림 9-7〉은 경영층의 활동 내용을 나타내고 있다.

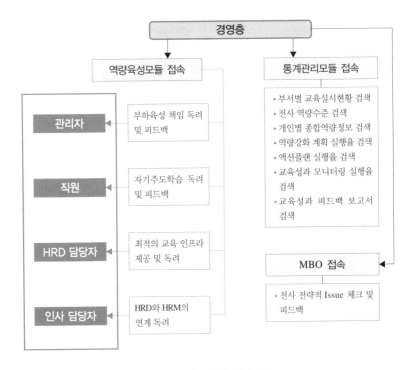

〈그림 9-7〉 경영층 활동 내용

4) HRD 담당자 활동

인적자원개발 관련 HRD 담당자들은 역량육성모듈, 교육운영관리모듈, 통계관리모듈을 운영하면서 내부 이해관계자들에게 전략적 인적자원개발을 위해 지원 역할을 담당한다. 먼저 관리자와 직원들이 효율적으로 역량개발 활동을 할 수 있도록 교육운영관리모듈을 운영한다. 교육운영관리모듈에서는 역량육성모듈에 필요한 모든 인프라를 제공한다. 아울러 역량육성모듈 운영을 통하여 직원들이 장래의 희망 경로를 선택하고 필요 역량 수준을 진단하는 도구를 제공한다. 다음으로 직원들의 역량 수준에 따라 역량개발계획을 세우고 역량개발에 필요한 맞춤형 교육과정을 제공한다. 또한 학습실행 전 사전과제 및 학습목표 설정을 위한 프로세스를 제공하며, 학습은 집합교육, e-러닝, 위탁교육 등 다양한 방법을 제공하여 직원들이 학습에 어려움이 없도록 한다.

학습 후에는 직원들이 학습내용을 현업에 적용하여 실천할 수 있도록 액션플랜 도구를 제공하고, 3개월 후 직원들이, 학습내용이 경영성과에 얼마나 기여하였는지를 평가하는 교육성과모니터링을 제공한다. 교육성과 모니터링 결과는 즉시 직원들에게 피드백하며, 향후 역량개발의 참고자료로 활용한다. 관리자들에게도 부하 육성의 책임과 역할을 효율적으로 수행할 수 있도록 하기 위하여 직원들의 역량개발 전 과정에 관여 및 지도를 할 수 있는 도구를 제공한다. 경영층에게는 통계관리모듈을 통해 역량개발과 관련되어 생산된 경영성과 기여도, 전사 역량 수준 등 다양한 데이터를 제공하여 경영과 인적자원개발 활동이 파트너십을 형성할 수 있는 전략적 의사결정에 필요한 유용한 정보를 제공한다. 인사 담당자에게는 통계관리모듈에서 생산된 개인별 역량종합정보 등 인사에 활용할 유용한 데이터를 제공하여 HRD와 HRM의 연계성을 강화하기 위한 활동을 한다.

〈그림 9-8〉은 HRD 담당자의 활동 내용을 나타내고 있다.

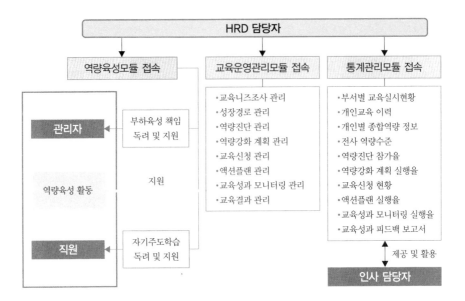

〈그림 9-8〉 HRD 담당자 활동 내용

5) 인사 담당자 활동

인사 담당자들은 통계관리모듈에 접속하여 역량개발을 통해서 생산된 각 종 데이터를 검색하여 인사운영에 활용한다. 또한 역량육성모듈에 접속하여 직원들이 자기 주도적으로 역량개발을 할 수 있도록 지원하고, 아울러 경력개발, 승진, 전보 등에 활용함으로써 HRD와 HRM의 연계성을 강화하여 실질적으로 전략적 인적자원개발을 할 수 있는 활동을 한다. 또한 MBO에 접속하여 전사 목표 달성도를 체크, 경영층에게 보고하며 피드백을 받는다.

〈그림 9-9〉는 인사 담당자의 활동 내용을 나타내고 있다.

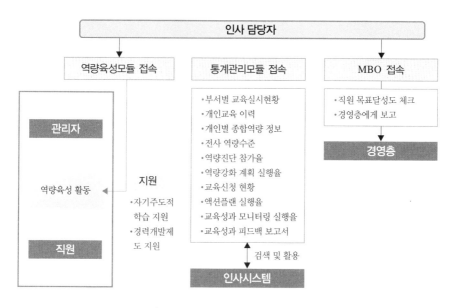

〈그림 9-9〉 인사 담당자 활동 내용

장 박사의 Check Point ☑

e-HRD시스템을 개발하기 전에 먼저 고려해야 할 사항은 시스템을 위한 시스템을 구축해서는 안 된다는 것이다. e-HRD시스템도 전략적 인적자원개발을 지원할 수 있는 시스템으로 개발해야 한다. 이를 위해 실무적으로 먼저 검토할 사항은 시스템이 이해관계자들에게 "얼마나 유용하고 가치 있는 정보를 제공해 줄 것인가?, 이를 위해 시스템에 담을 내용은 무엇인가?, 이해관계자들이 사용하기에 불편한 점은 없는가?"에 대한 해답을 찾아야 한다. 아울러 역량기반의 교육훈련체계 수립이 필수적으로 뒤따라야 한다. 조직의 핵심가치를 지원하는 공통역량, 관리자의 리더십 능력개발에 필요한 리더십 역량 그리고 조직의 경영목표 달성을 위해 각 직무별로 필요한 직무역량에 대한 명확한 체계 구분과 맞춤형 교육과정이 필수적으로 제공되어야 한다. 특별히 리더십역량의 경우 각 직급별 / 역할별로 차별화된 교육과정을 제공하는 데 심혈을 기울여야 하며, 직무역량의 경우 직무분석을 통해 각 직무별로 필요한 지식 / 스킬 / 태도를 명확히 도출하고 이를 토대로 교육과정을 만들어야 한다.

또한 개인별 객관화된 역량정보 확보를 위해서는 역량 진단 문항개발 및 구성에 주안점을 두어야 한다. 이를 위해서는 개인별 경력전문성 진단을 위한 객관적인 지표를 만들어야 한다. 경력전문성 지표에는 전문가로서의 가장 객관적인 지표인 학습능력(학력), 해당 직무별 수행업무 경력의 경험 년수, 각 역량별 학습이력, 각 직무별로 필요한 자격증, 업무 관련 연구논문, 특허출원 등 수상경력, 업무 관련 다양한 저술경력 및 강의이력을 포함시켜야 한다. 아울러 진단요인별로 적절한 가중치를 부여하여 전문성을 대표할 수 있는 지표로 만들어야 한다. 지표를 만든 후에는 반드시 인사부서와의 협의를 통해 실질적으로 인사에 활용하는 데 문제점이 없는가를 검토해야 한다.

다음으로 역량육성모듈에 필요한 각 역량별 진단항목 문항, 액션플랜 및 교육성과 모니터링에 필요한 구성항목에 주안점을 두어야 한다. 일반적으로 진단항목을 개발하고 구성할 때 복잡하게 구성하면 내부 이해관계자들이 진단할 때 어려움을 겪게 되고, 너무 단순하게 구성하면 필요한 정보를 얻는 데 운영자가 어려움을 겪게 된다. 따라서 문항개발 및 구성 시에는 이를 감안하여 적절한 선에서 절충하는 지혜가 필요하다. 또한 액션플랜 구성항목을 개발할 때는 학습한 내용을 현업에 실천할 수 있는 계획부분, 실천한 내용에 대한 실적을 확인할 수 있는 항목을 개발하여 제공해야 한다.

아울러 시스템 구축시 사용자가 쉽고, 편리하게 사용할 수 있도록 인터페이스 구성에 주안점을 두어야 한다. 기존의 HRD시스템은 교육 담당자 위주로 구축되어 운영 및 관리 측면에 초점을 맞춘 것이 사실이다. 궁극적으로 HRD가 지향하고자 하는 전략적 인적자원개발을 위해서는 다양한 내부 이해관계자들의 가치와 기대사항을 만족함과 더불어 그들의 역할도 충실히 이끌어 낼 수 있는 시스템 구축이 필요하다.

마지막으로 HRM과의 강한 연계가 필요하다. 인재육성은 인재채용과 더불어 필요 인재를 확보하는 방법이기 때문에, 인재채용/평가/경력관리 등과 연계되어 구현되어져야 한다. 이를 위해서는 인사부서에서는 조직 내의 정확한 인적자원 현황분석이 필요하며, 이를 토대로 경력개발에 대한 로드맵 구축, 각 직무별 직무기술서 마련이 필수적이다. 또한 인재육성 결과를 승진, 전보 그리고 보상 등에 활용할 제도적 장치 마련이 필수적이다. 아울러 중장기적인 인적자원개발 Master Plan이 동시에 요구된다.

교육 제도

학점이수제도 / 학습총량제

인사제도 실행이 없는 교육은 '말짱 도루묵'

'모든 것은 제도로 완성 된다.' 라는 말이 있다.

교육 담당자가 고민하여 과정을 개발하고, 유명한 강사가 아무리 유익한 강의를 한다고 해도 이를 활용할 제도가 뒷받침되지 않으면 아무 소용이 없다.

필자도 교육업무를 담당하면서 교육환경에 맞게끔 제도를 고치기 위해 관련 기업을 벤치마킹하기도 하고, 필자의 기업에 벤치마킹을 오는 타 기관 교육 담당자들의 애로사항을 함께 공유하는 시간을 많이 가졌다.

결론은 기업마다 교육제도가 다를 수밖에 없다는 것이다.

타 기관의 교육제도가 아무리 좋아도 자신의 기관이 좋은 제도를 뒷받침할 인프라가 갖추어져 있지 않으면 아무 소용이 없다.

다시 말하면 '내 몸에 옷이 맞아야 한다.' 는 것이다.

그러함에도 지금까지 교육업무를 담당하면서 시행착오를 겪으며 실행한 교육제도의 경험에 대하여 의견을 나누고자 한다.

기업 교육제도의 근간에는 '학점이수제도' 와 '학습총량제' 가 있다.

각기 나름대로 장 · 단점을 갖추고 있다. 이를 자신의 기관 교육인프라를 분석하여 적절히 활용한다면 좋은 결과를 얻을 수 있을 것이다.

그러나 아무리 교육제도가 훌륭해도 인사에서 뒷받침되지 않으면 말짱 도루묵이 된다.

기업의 교육 담당자는 인사 담당자와의 협업을 통해서 교육제도가 실효성을 담보할 수 있도록 끊임없이 노력하고 협상해야 한다.

학점이수제도

　학점이수제는 기업의 경우에 직원들이 일정한 교육을 학점으로 이수하는 제도로서 대부분 인사고과와 연계하여 운영되고 있다. 학점이수제의 도입은 1990년대 후반부터 주로 이루어져왔고, 현재까지도 많은 기업들이 애용하고 있는 교육제도 가운데 하나다.

　학점이수제의 도입 목적은 균등한 학습 기회 제공과 전사적인 학습 분위기 조성이 대부분이며, 주로 새로이 교육체계를 구축하고 이를 정착하기 위한 수단으로 활용되어 왔다. 학점이수제를 도입하기 위해서는 무엇보다도 학점이수제의 도입 목적을 명확히 하는 것이 선행되어야 한다. 왜냐하면 학점이수제는 기본적으로 타율에 의한 학습을 강요하는 것으로서 자기주도학습이라는 최근의 트렌드에 역행하고 있기 때문이다.

　학점이수제의 도입은 학점이수제가 도입되던 초기의 취지를 살리는 것이 바람직하다. 즉, 새로운 교육체계를 정착시키기 위한 하나의 수단으로 사용한 후에 일정 기간이 지나면 폐기하고, 자율적인 학습 분위기가 강화될 수 있도록 다양한 촉진수단을 사용하는 것이 보다 효과적임에 틀림없다. 특히 기업교육의 경우에 이는 극명한데, 기업에서의 교육이 플러스 기제로 활용되어야 본래의 기능을 발휘할 수 있는 것이지, 오히려 마이너스 기제로 사용되어서 순응하지 않거나 일정한 불이익을 주는 형태로 진행된다면, 아무리 좋은 강사의 훌륭한 강의가 진행된다고 하더라도 반발심을 초래할 수밖에 없기 때문이다.

　학점이수제는 간단하다. 직급별로 이수해야 할 필요한 학점을 정하고, 이수 결과에 따라 인사고과에 반영만 하면 된다. 학점이수제를 잘 적용하려면 필수

과정과 선택과정을 확실히 구분하여야 한다. 그렇지 않으면 조직의 목적에 상관없이 개인이 필요로 하는 교육과정만 선택하여 이수하는 결과를 초래하고, 결국에는 조직이 추구하는 개인과 조직의 능력개발 균형에 문제가 발생한다. 아울러 학점이수제의 단점은 개인 및 현업에서 이루어지고 있는 다양한 학습형태의 교육을 인정하는 데 유연성이 부족할 수 있다. 설령 다양한 학습형태를 인정하고, 학습한 시간을 학점으로 환산하여 인정한다고 해도 실제 운영을 해보면 교육 담당자와 직원은 매우 불편하다. 또한 당해직급에서 필요한 학점만 이수하면 되기 때문에 연간 꾸준하게 학습을 하는 것보다는 한꺼번에 학습을 할 우려가 있고, 부서장의 학습마인드가 부족하면 직원들이 학습에 대한 눈치를 보기 때문에 필연적으로 몰아치기식 학습의 폐해가 발생한다.

교육 담당자의 입장에서도 직원들의 몰아치기식 학습이 진행되면 연간 교육수요 예측과 교육과정 운영에 많은 어려움을 겪는다. 이를 방지하기 위해서는 학점이수제를 운영하면서 연간 최소한도로 이수해야 할 학점을 제시하는 것이 필요하다. 이렇게 되면 직원의 입장에서도 상사의 눈치를 보지 않고 학습을 할 수 있으며, 교육 담당자 입장에서도 연간 운영해야 할 교육과정과 인원을 예측할 수 있기 때문에 매우 효율적이다. 아울러 학점이수제를 운영하면서 유의할 점은 직급별, 역량별로 차별화된 학점을 적용해야 한다는 점이다. 가령, 관리자는 리더십 역량에 학점을 많이 이수하고, 실무자는 직무역량에 초점을 두고 학점을 많이 이수하도록 제도를 마련해야 한다.

또한 학점이수제는 비교적 학습문화 성숙도가 낮고, 학습인프라가 부족한 기관이 도입하면 빠른 시간 내에 제도를 정착할 수 있는 효과를 가져다준다.

학습총량제

교육주관부서 학습뿐만 아니라 다양한 형태의 현업부서 학습, 개인 학습까지 학습의 범위로 포함하여 개인별로 학습시간 총량을 관리하는 제도다. 필자가 근무했던 기관도 처음에는 학점이수제도를 운영하다가 학습총량제로 제도를 변경하였다. 변경한 이유를 보면, 첫째, 부서·팀, 개인 단위 학습활동 불인정으로 현장과 개인 학습동기부여에 제한을 가져오게 되었고, 둘째, 지식정보화 사회에 부응한 유연하고 실질적인 학습조직 강화 환경조성에 미흡하였고, 셋째, 기존 학점이수제에서 실시한 2일과 3일 교육에 대한 학점부여시 동일하게 1학점을 부여하는 등 실교육시간 미반영으로 학습결과 반영시 형평성 미흡이 제기되어 학습총량제를 도입하였다.

학습총량제에 대하여는 필자가 제도를 마련하여 운영했던 사례를 중심으로 자세하게 설명하고자 한다. 먼저 학습총량제 운영기준을 살펴보면, 인사고과에 반영되는 '교육훈련평정 산정'을 위해서 목표 학습량에 대한 총 학습시간 이수 비율을 '교육훈련평정'으로 반영하면 된다. 산식은 아래와 같다.

$$\ulcorner \text{교육훈련평정 점수} \lrcorner = \frac{\text{총학습시간(해당직급 이수학습시간 합계)}}{\text{목표학습량(기준학습시간} \times \text{해당직급 근무 연수)}} \times 10$$

교육훈련평정 항목에 대하여 부연설명하자면 다음과 같다.

첫째, 목표학습량은 『직급별 기준학습시간(연간)×해당직급 근무 연수』로 산출

둘째, 총학습시간은 『교육주관부서 학습시간+현업학습시간+개인학습시간』

으로 구성

셋째, 교육주관부서의 학습시간은 100% 인정, 총 학습시간의 40% 이상 취득 필요

넷째, 현업학습+개인학습시간은 목표학습량의 최대 60%까지 이수학습시간으로 인정

필자가 근무했던 기관의 직급별 연간 기준학습시간은 다음과 같다.

직급	1급/2급 (갑)	2급(을)	3급	4급	5급	6급 이하 및 운영직	전문직
시간	40시간	60시간	80시간	100시간	140시간	60시간	60시간

학습시간 인정 범위 및 인정시간 기준을 살펴보면, 학습시간으로 인정하는 학습유형은 교육부서 주관학습, 현업부서 주관학습, 개인학습의 3가지로 구성되어 있다. 학습유형별 주요 내용을 보면 다음과 같다.

주관부서	주요 내용
교육부서 주관학습	• 교육원/총무관리처 등 전사적 학습주관부서에서 시행하는 학습활동
현업부서 주관학습	• 현업부서에서 업무와 연계된 학습활동 – 6시그마, JOA, 연구동호회, OJT, 워크숍 등
개인학습	• 직원의 자기개발을 위한 학습활동 – 개인부담 학위과정, 자격증, 특허, 논문 등

학습유형별 인정시간 기준은 인정 대상인 모든 학습유형에 대해 실제 학습시간을 인정하되, 연간 최대 인정 학습시간을 전 직급공통으로 200시간을 적용하였다. 또한 개인별 기준학습시간의 40% 이상은 교육부서 주관교육을 의무이수토록 하여 개인과 조직이 목표로 하는 역량개발 균형을 맞추도록 하였다.

학습유형별 인정범위 및 인정시간은 다음과 같다.

학습유형별 인정범위 및 인정시간

학습유형			인정시간	연간최대 인정시간	인정근거
교육 부서 주관 학습	교육부서 교육	집합+위탁 사이버 과정	실교육시간	200	교육수료 통보
	국내외 위탁 (파견 / 업무병행)	학위, 관리자 과정 등	학위 : 15시간 / 1학점 관리자과정 등 : 실교육 시간	200	교육수료 통보, 성적 증명서 등 학점(시간) 내역 증빙 자료
	교육부서 강의	사내강사 강의 활동	강의 시간 2배 인정	50	교육부서 확인
현업 부서 주관 학습	혁신활동 (6시그마)	과제참여시	100시간 / 과제당(과제참 여자는 참여율에 따라 과 제책임자가 배분)	100	주관부서 확인
	혁신활동 (JOA 연구동호회)	과제참여시	30시간 / 과제당(과제참 여자는 참여율에 따라 과 제책임자가 배분)	30	주관부서 확인
	사내 · 외 경진대회 등	입상 동상 이상 (전사대회)	사외 : 50시간, 사내 : 10시간 (단체일 경우 참여자 중 기여도에 따라 배분)	50	주관부서 확인
	부서자체교육 (OJT, 워크숍 등)	직무교육 등	실교육시간(승인시간)	50	교육계획 및 결과 보고서
	단기위탁(법정선 임자교육 포함)	교육	실교육시간	50	수료증, 연수보고서 등
개인 학습	사설학원 등 교육 (사이버 포함)	직무 / 어학 / 전산 등	교육시간(1건만 인정)	20	수료증, 출석확인 연수보고서 등
	대학(원) 학위과정	비 / 학위과정	15시간 / 1학점(비학위과 정은 실교육시간)	100	수료증, 성적증명서 등 학점(시간)내역 증 빙자료
	자격증 취득	기술사	100(개당)	100	취득증명서 (취득 연 1회 인정)
		기사	30(개당)	30	
		산업기사	20(개당)	20	
		기타	10(개당)	20	

학습유형			인정시간	연간최대 인정시간	인정근거
개인 학습	저술	개인	100(권당)	100	서적
		공동(3인 이하)	25(권당)	30	
	논문게재(학국연 구재단 등재 및 등재후보지)	개인	50(건당)	50	논문게재 증명서 (학위논문 제외)
		공동(3인 이하)	25(건당)	30	
	특허	개인	100(건당)	100	특허증명서
		공동(3인 이하)	50(건당)	50	

학습총량제의 성공적인 안착을 위해서는 무엇보다 다양한 형태의 학습을 인정하고 실적을 관리할 수 있는 효율성 있는 관리시스템이 필수적이다. 필자는 이를 위해 학습유형별 인정 및 승인절차를 시스템 개발을 통해 효율적으로 운영하였다. 학습유형별 인정 및 승인절차는 다음과 같다.

① 교육부서 주관학습

학습유형		인정근거	절차
교육부서 교육	집합·위탁 사이버과정 등	교육수료 통보	교육원에서 모든 행정처리 완료
국내외 위탁 (파견/업무병행)	학위, 관리자 과정 등	교육수료 통보, 성적 증명서, 연수보고서 등	주관부서 결과 확인 및 인정(인사팀) → 결과 승인 및 자료관리(교육원)
교육부서 강의	사내강사 강의 활동	교육부서 확인	교육원에서 모든 행정처리 완료

② 현업부서 주관 학습

학습유형		인정근거	절차
혁신활동 (6시그마, JOA, 연구동호회 등)	과제참여시 (참여율 적용)	주관부서 확인	주관부서 결과 확인 및 인정(주관부서) → 결과 승인 및 자료관리(교육원)
사내외 경진대회	입상 동상 이상(전사대회)	주관부서 확인	주관부서 결과 확인 및 인정(주관부서) → 결과 승인 및 자료관리(교육원)

학습유형	인정근거	절차
부서자체교육 (OJT, 워크숍 등)	직무 / 시책 / 소양	교육이수 결과	교육계획(공문) → 계획승인(교육원) → 교육실시 → 결과 보고(공문) → 결과 승인 및 자료관리(교육원)
단기위탁(법정선 임자교육 포함)	교육	수료증, 연수보고서 등	교육실시 → 결과 보고 → 결과 승인 및 자료관리(교육원)

현업부서 주관학습을 인정하는 세부 프로세스를 보면 다음과 같다.

부서자체교육(OJT) 등

상세절차	업무내용	주체
교육계획(공문)	교육시스템에서 교육계획 등록 후 공문 기안 자체 보고 − 교육시작 2일 전까지 결재완료 되어야 함	해당부서
계획승인(교육원)	부서에서 결재가 종료된 내용을 시스템에서 내용 확인 후 교육시간 승인 결정	교육원
교육실시	부서 계획에 따라 학습 실시	해당부서
교육 결과 보고 (공문)	교육시스템에서 교육결과에 자료 등록 후 공문 기안 자체 보고 − 교육실시 후 7일 이내 등록해야 함	해당부서
결과 승인 및 자료관리	교육시스템에서 교육 결과 승인 / 미승인 처리 − 결재완료 후 7일 이내 처리해야 함	교육원

단기위탁 / 부서 법정선임자

상세절차	업무내용	주체
교육실시	현업부서자체교육 신청 및 위탁교육 참석 − 단, 예산 협조가 필요한 경우 교육실시 전 교육원과 예산 협의	해당부서

상세절차	업무내용	주체
교육 결과 보고	교육시스템에서 교육 결과 보고 등록(수료증, 계산서, 전표 첨부) 별도 공문처리 없음 - 단, 결과등록시 분류(공동, 리더, 직무전문의 상세분야)는 등록자가 지정	해당부서
결과 승인 및 자료관리	교육시스템에서 내역 확인 후 교육분류체계 조정 승인 가능 - 단, 결과등록 후 일주일 이내 처리하고 처리시 결과는 사내 메일 발송	교육원

③ 개인학습

학습유형		인정근거	절차
사설학원 등 교육 (사이버 포함)	직무 / 어학 / 전산 등	수강증, 출석확인 연수보고서 등	교육실시 → 결과보고 → 결과 승인 및 자료관리(교육원)
대학(원) 학위과정	학위과정 / 비학위과정	수료증, 연수보고서 등	교육실시 → 결과보고 → 결과 승인 및 자료관리(교육원)
자격증 취득	기술사 / 기사 / 산업기사 / 기타	취득증명서	자격취득 → 결과보고 → 결과 승인 및 자료관리(교육원) -자격취득일 당해연도에 교육시간 인정
저술	개인 / 공동(3인 이하)	서적	저서출판 → 결과보고 → 결과 승인 및 자료관리(교육원) -출판일 당해연도에 교육시간 인정
논문게재(한국연 구재단 등재 및 등재후보지)	개인 / 공동(3인 이하)	논문게재 증명서 (학위논문 제외)	논문게재 → 결과보고 → 결과 승인 및 자료관리(교육원) -게재일 당해연도에 교육시간 인정
특허	개인 / 공동(3인 이하)	특허증명서	특허출원 → 결과보고 → 결과 승인 및 자료관리(교육원) -특허출원 기준 해의 시간 인정

개인학습을 인정하는 세부 프로세스를 보면 다음과 같다.

사설학원 등 교육 및 대학(원) 학위과정

상세절차	업무내용	주체
교육실시	개별적으로 교육실시	개인
교육 결과 보고	교육시스템에서 교육 결과 보고 등록(수강증, 성적표) – 단, 기준일자를 본인이 직접 넣어 기준일자 연도에 시간 부여(학원 은 수강 후 1개월 이내, 학위는 6개월 이내 등록)	개인
결과 승인 및 자료 관리	교육시스템에서 내역 확인 후 증빙서류와 기준일자 등 확인 후(조정) 승인 – 승인 결과 메일 발송	교육원

자격증 / 저술 / 논문 / 특허

상세절차	업무내용	주체
취득 및 작성	개별적 실행	개인
교육 결과 보고	교육시스템에서 취득 및 작성 결과 등록(자격증, 특허원 사본, 저술 / 연구지 원본) – 자격증 / 특허는 취득일, 저술 / 논문은 발행일을 등록자가 기재, 기재 연도에 부여	개인
결과 승인 및 자료관리	교육시스템에서 내역 확인 후 증빙서류와 기준일자 등 확인 후(조정) 승인 – 승인 결과 메일 발송	교육원

학점이수제와 마찬가지로 학습총량제에서도 몰아치기식 학습의 폐해가 발생한다. 이를 방지하기 위해서는 학점이수제와 마찬가지로 연간 최소한도로 이수해야 할 학습시간 및 직급별, 역량별로 차별화된 학습시간을 적용해야 한다는 점이다. 가령, 관리자는 리더십 역량에 학습시간을 많이 이수하고, 실무자는 직무역량에 초점을 두고 학습시간을 많이 이수하도록 제도를 마련해야 한다. 또

한 학습총량제는 비교적 학습문화 성숙도가 높고, 학습인프라가 충분한 기관이 도입하면 빠른 시간 내에 제도를 정착할 수 있는 효과를 가져다준다.

인사제도 실행이 없는 교육은 '말짱 도루묵'

필자가 근무했던 곳은 공기업이다. 공공기관에 대한 선입견을 일컫는 말로 철밥통, 무사안일… 등 많은 단어들이 있다.

필자는 현업에서 교육업무를 담당하면서 운 좋게도 교육 분야 최고의 상인 국가인적자원개발 최우수기관(2007년), 한국 HRD 종합대상(2009년), 국가품질상 인재개발 대상(2011년, 대통령 표창)을 수상하여 HRD 분야 '트리플 어워드'를 달성하였다. 한마디로 공기관에서 난센스 같은 일이 발생한 것이다. 수상 이후로 필자가 몸담았던 교육원은 국내 공공기관과 민간기업으로부터 벤치마킹 대상이 되었고, 필자도 외부에 초청되어 우수사례를 발표하는 기회가 늘어났다.

필자는 사례를 발표하면서 결론 즈음에 다음과 같은 말을 한다. 우리 기업의 HRD는 '절반의 성공'만 달성했다. 세미나에 참석한 사람들의 표정이 어리둥절하면서 참석자들은 다음과 같은 질문을 한다.

"그 이유는 무엇입니까?"

그러면 필자는 다음과 같은 이유를 말한다.

우리 기업은 객관적으로 교육시스템(CRP, 역량 강화방법) 분야에서는 국내외에서 가장 우수하다고 생각하며, 인사부분과의 연계성 강화를 위해 '역량 프로파일 매치업'을 구축하였고, 전산화를 통한 내부 직원들의 전보시스템도 구축하여 실행하고 있다. 문제는 인사부분에서 직원들의 적재적소 배치를 위해 필요한 객관적인 개인별 능력 수준 데이터인 '역량 프로파일 매치업'을 활용하지 않고 있다. 이로 인해 직원들은 역량개발을 단지 인사고과에 필요한 교육점수 취득 및 내부평가 준비용으로 인식하고 있다. 즉, 직원들이 필요로 해서 학습을 하는 것이 아니라 조직 내에서 인사, 부서평가를 위해 어쩔 수 없이 해야만 한다는 생각을 가지고 있으니 교육의 효과가 없다는 것이다. 자기주도적 학습능력과 의욕이 없으니 교육성과는 불을 보듯 뻔하다.

　조직 내에서 아무리 좋은 교육제도를 갖추고 있어도 실행력이 담보되지 않는 제도는 무용지물이다. 특별히 교육에 가장 영향을 미치는 제도는 인사제도다. 필자는 교육업무를 하면서 동료들로부터 다음과 같은 말을 들었다.

　"교육예산 100억을 투입하는 것보다, 개인별 객관적 능력 수준 데이터를 활용한 적재적소의 인재배치, 능력에 따른 승진을 실시하면 직원들은 알아서 긴다." 즉, 자기주도적으로 업무능력 향상을 위해 노력하게 되고, 아울러 조직 내 학습 문화도 자동적으로 형성된다. 교육부서와 인사부서는 멍석만 깔아주면 된다는 의미다. 필자도 교육원 동료들에게 다음과 같은 말을 즐겨 사용하곤 했다.

　"오늘도 교육원은 용만 쓰고 있다."

　교육 담당자는 교육의 성과를 담보할 수 있는 인사제도의 실행성을 위해 끊임없이 노력하고 투쟁해야 한다. 교육은 인사제도의 실행성이 담보한다.

교육실행을 효율적이고 효과적으로 수행하기 위해서는 학점이수제도와 학습총량제와 같은 교육제도가 필요하다. 교육 담당자가 교육제도를 구축하기 전에 유의해야 할 사항은 자사의 교육환경 인프라를 분석해야 한다. 인프라가 미구축된 상황에서는 다른 기관에서 실행하는 좋은 제도를 도입해도 효과를 기대하기가 쉽지 않다. 필자가 제안한 HRD 관련 내부 이해관계자들의 기대사항과 역할에 대한 인프라를 분석하면 실마리를 찾을 수 있다.

또한 교육성과를 담보하기 위해서는 인사제도의 실행성이 필요하다.

이를 위해서 교육 담당자는 HRD 관련 내부 이해관계자들의 기대사항과 역할을 토대로 인사부서에서 감당해야 할 사항을 면밀히 분석하여 끊임없이 인사부서를 설득하고, 협상도 해야 한다. 다시 강조하자면 교육의 키는 인사부서가 쥐고 있다. 인사부서를 움직여야 교육이 살아난다.

참고문헌_

신범석(2009.6.24.), 'HRD의 본질과 한국 HRD의 나아갈 방향', 월간 〈HRD〉, P.30-31.

인재개발 실태조사 보고서(2008), (주)엑스퍼트컨설팅.

장경택(2010), '내부 이해관계자 요구를 반영한 전략적 e-HRD 모형개발연구 : 공기업을 중심으로', 박사학위논문, 한국기술교육대학교 테크노인력개발전문대학원.

한국수자원공사(2007), 역량모델링 보고서.

한국수자원공사(2012), 역량 프로파일 매치업.

Beer, M. and Spector, B.(1989), Corporate Transformation in Human Resource Management, Harvard Business School Press.

Cronbach, I. J.(1984), Essentials of psychological testing. New York : Haper & Row.

Fiol, M. et Lyles, M.(1985), Organizational Learning. Academy of Management Review. Vol. 10, Num. 4, p. 803-813.

Garavan, T. N.(1991), Strategic Human Resource Development,. Journal of European Industrial Trainin, 15(1).

Garavan T.N.(1993), Cases in Business Strategy and Policy in Ireland, Oak Tree Press.

Gilley, J. W., Eggland, S. A., & Gilley Maycunich, A.(2002), Principles of Human Resource Development (2 ed.). Cambridge, MA : Perseus.

Holton, E. F. III.(1995), In Search of on Interactive Model for HRD Evaluation. Academy of Human Resource Development 1995 Conference Proceeding.

Kirkpatrick, D. L., & Kirkpatrick, J.D.(1998), Evaluating training programs : The four levels. 3rd ed. San Francisco, California : Berrett-Koehler Publishers.

Mendelow, A. L.(1991), Environmental scanning : The impact of the stakeholder concept. In Proceedings from the second International conference on information systems, (pp. 407-418). Cambridge, MA.

Nevo, D.(1986), 'onceptualisation of Educational Evaluation' in E. House (ed.) New Directions in Educational Evaluation, pp. 15 9. Falmer Press : London.

Phillips, J. J.(1991), 'easuring the return on HRD' Employment Relations Today, Autumn, pp. 329 42.

Phillips, J. J.(2003), Return on investment in training and performance improvement programs. 2nd ed. Burlington, Massachusetts : Butterworth-Heinemann.

Roche, F. and Tansey, P.(1992), Industrial Training in Ireland, Report Submitted to the Industrial Policy Review Group. Dublin : Department of Industry and Trade.

Human Resources Development
know-how